高校公共体育教学及其课程实践研究

张战毅　著

吉林出版集团股份有限公司

全国百佳图书出版单位

图书在版编目（CIP）数据

高校公共体育教学及其课程实践研究 / 张战毅著
. -- 长春 : 吉林出版集团股份有限公司, 2022.11
ISBN 978-7-5731-2743-3

Ⅰ.①高… Ⅱ.①张… Ⅲ.①体育教学—教学研究—
高等学校 Ⅳ.①G807.4

中国版本图书馆CIP数据核字(2022)第220832号

高校公共体育教学及其课程实践研究
GAOXIAO GONGGONG TIYU JIAOXUE JI QI KECHENG SHIJIAN YANJIU

著　　者　张战毅
责任编辑　祖航
封面设计　王哲
开　　本　710毫米×1000毫米　1/16
字　　数　202 千字
印　　张　12
定　　价　75.00元
版　　次　2022 年 11 月第 1 版
印　　次　2023 年 8 月第 1 次印刷
印　　刷　北京厚诚则铭印刷科技有限公司

出　　版　吉林出版集团股份有限公司
发　　行　吉林出版集团股份有限公司
地　　址　吉林省长春市福祉大路5788号
邮　　编　130000
电　　话　0431-81629968
邮　　箱　11915286@qq.com
书　　号　ISBN 978-7-5731-2743-3

前　言

　　体育教学是一个有目的、有计划、有组织地对学生传授知识和技能，使他们的智力和体力得以发展，品德与个性得以形成的教育过程，因此，国家和社会对高校公共体育教学投以重视和关注的目光。当前，进一步深入发展体育教学是高校培养身心发展健康且具有良好社会适应能力的优秀人才的有效途径，这就要求当前高校应致力于教育改革和创新，树立科学的体育教学理念，重视体育课程实践，以促进高校体育教学发展。

　　基于此，本书共设置六章：第一章在论述体育与高校公共体育基础后，从德育管理、智育发展、身体美学、劳动教育与心理健康角度，阐述高校公共体育教学的关联；第二章分析高校公共体育教学的目标、内容、模式与方法；第三章讨论高校公共体育教学的校本资源开发、高校公共体育教学的环境优化、高校公共体育教学的教师发展、高校公共体育教学的评价设计；第四章从篮球角度，探讨篮球运动对高校体育的影响、高校篮球教学的创新理念、篮球教学方法的多维运用；第五章从田径角度，研究高校田径运动的特点与基础、高校田径运动的教学及改革、高校田径运动的技术教学与评价；第六章从健美操角度，探索高校健美操运动及教学发展、高校健美操教学的形式与原则、高校健美操教学的课程安排；第七章以山东、陕西、内蒙古与河南为例，探讨黄河流域高校高质量发展与公共体育课程发展对策探索。

　　全书文字简明扼要，内容丰富详尽，逻辑清晰，客观实用。在结构上按照由浅入深的写作思路展开，对高校公共体育教学的论述通俗易懂。另外，本书注重理论与实践的紧密结合，对我国高校公共体育教学及其课程实践具有一定的参考价值。

　　笔者在撰写本书的过程中，得到了许多专家学者的帮助和指导，在此表示诚挚的谢意。由于笔者水平有限，加之时间仓促，书中所涉及的内容难免有疏漏之处，希望各位读者多提宝贵意见，以便笔者进一步修改，使之更加完善。

目　录

第一章　绪论

第一节　体育与高校公共体育基础

在人类的社会文化构成中，体育是绝不可被忽略的一个重要组成部分。体育是为适应人类生活的需要而产生的，并伴随着人类社会的发展而经历了一个不断完善的过程。我国从古代社会开始就极为重视体育，并开展了学校体育教育，形成了多样化的体育课程。

一、体育的构成及功能

（一）体育的构成及其关联

在当前，人们倾向于将体育分为学校体育、社会体育和竞技体育三部分。

1. 学校体育

学校体育是以增强学生体质，向学生传授体育知识、技术、技能为主要目的的教育活动。它与智育、德育、美育等一起，构成了一个较为完整的学校教育体系。同时，学校体育也是国家开展全民体育的重要基础，在推动国家体育事业发展方面发挥着极其重要的作用。因此，学校体育自产生之日起，便受到人们的高度关注。

通常来说，学校体育是按照教育阶段以及学生的年龄差异来划分的，而且各个阶段的体育教育都会以学生的身心发展特点和体育需求等为依据，借助于体育课、课外体育活动和课余体育训练与竞赛等多样化的组织形式，增强学生的体质、增进学生的健康。与此同时，学校体育的开展也极为重视发挥体育的教育功能，使学生在参与体育教学的过程中形成良好的个性和思想品德、集体主义精神、团队意识与合作能力、自主学习能力等，最终帮助学生在德、智、体、美等方面获得全面发展，为其成长为 21 世纪的高素质人才和高水平竞技人才奠定重要的基础。

2. 社会体育

社会体育是指广大人民群众以锻炼身体、增进健康、增强体质、调节精神、休闲娱乐和丰富文化生活为目的的身体活动。由于社会体育的参与者主要是一般民众，而且参与人数极多，因此，不少人将社会体育称为"大众体育"或"群众体育"。

社会体育所涉及的活动领域和活动内容是十分广泛的，而且有着多样化的形式，养生体育、医疗体育、休闲体育、健身等都可归属其中。此外，社会体育有着很强的娱乐性和趣味性，而且参与方式方便、灵活，因而深受人们的喜爱。

通常来说，一个国家的社会体育开展情况，会直接反映出该国家的经济是否繁荣、文化素养是否有所提高、生活水平是否有所提升、社会环境是否安定等。因此，各个国家在条件允许的前提下，都会积极发展社会体育，我国也不例外。当前，我国的社会体育呈现出蓬勃发展的趋势，而且国家积极采取了多项有效措施来推动社会体育的发展，如实施全民健身计划，转变全民的体育观念，提高全民的体育意识；注重健康投资，兴建各种"健康城""康复中心""健身俱乐部""体育公园"等。可以肯定，我国的社会体育在今后还会得到进一步普及，其开展规模也会越来越大。

3. 竞技体育

所谓竞技体育，就是为了最大限度地发展和不断提高个人和集体在体格、体能、心理和运动能力等方面的潜力，以取得优异运动成绩而进行的科学系统的训练和竞赛。它在最大限度开发人的竞技运动能力方面发挥着十分重要的作用。此外，竞技体育在活跃社会文化生活、振奋民族精神、提高国家的国际威望、促进国际友谊和团结等方面也产生了极为重要的影响。

竞技体育有着很强的竞争性，这种竞争实质上是体力、智力和运动技能等综合实力的竞争。因此，竞技体育的参与者通常要有灵活的大脑和思维能力、良好的体能、较高的体育水平，以及坚持和敢于吃苦等良好的个性品质等。

当前，竞技体育的发展已达到了较高的水平，但也遇到了不少问题，阻碍其进一步发展的步伐。比如，竞技体育的发展，常常会受到国际政治形势的影响；竞技体育与商业的联系日益密切，且在一定程度上成为商业附属品；竞技体育运动员存在破坏竞技运动精神和规则的行为，如滥用兴奋剂；竞技体育比赛的结果被一些人利用金钱进行控制；等等。这些问题如不能得到有效解决，必然会影响竞技体育的正常发展。

4. 学校体育、社会体育和竞技体育之间的联系

学校体育、社会体育和竞技体育之间既互相独立又相互联系，每部分都有其独特的结构、功能、运行机制、运行规律和管理体制，但也存在着相互影响、制约的内在联系。关于学校体育、社会体育和竞技体育三者之间的联系，具体来说表现在以下方面：

（1）学校体育对社会体育发展的促进作用。学校体育为社会体育提供坚实的基础，其影响作用更直接、明显。学校体育质量的好坏直接影响体育人口的数量和质量。良好的学校体育教育，使学生在校期间建立了正确的体育观念，形成了终身体育意识、兴趣、习惯与能力，学生进入社会，就能主动积极地融入社会体育，成为稳定的体育人口。

（2）竞技体育对社会体育发展的促进作用。竞技体育一方面通过吸纳社会体育中涌现出的竞技运动人才来推动社会体育的发展，另一方面以其特有的魅力对社会体育起到激励、促进和示范的作用，帮助人们实现由体育观赏者向体育参与者的转化。

（3）社会体育对学校体育发展的促进作用。社会体育主要是由两部分构成的：一部分是社区体育，另一部分是家庭体育。丰富多彩的社区体育活动，良好的家庭体育氛围，能够对青少年体育意识、兴趣、爱好的培养产生潜移默化的影响。社会体育为孩子们提供了体育活动的时间、空间与条件，从而促进学校体育的发展。因此，社会体育为学校体育发展提供了必要的环境。

除了为学校体育发展提供必要的环境，社会体育还在指导学校体育进行改革方面发挥着一定的作用。传统的学校体育教育是一种封闭式教育，只重视技术传授与体质增强，未能与社会体育沟通、联系、接轨，以致形成学生毕业即体育终结的现象。而社会体育发展是人人参与体育，并提倡终身参与，形成一种新的体育生活方式。因此，社会体育的发展必然对学校体育提出更高的要求。社会体育的发展既为学校体育发展提供了良好的外部环境与发展契机，又对学校体育寄予厚望，学校体育要实现与社会体

育接轨，必须加大改革力度。

（4）社会体育对竞技体育发展的促进作用。社会体育对竞技体育发展的促进作用，主要是通过以下两个方面表现出来的：

第一，社会体育在发展的过程中形成了良好的体育氛围，这使得竞技体育的发展获得了良好的社会文化环境和数量众多的爱好者与支持者。训练场、球场、赛场，观众的观赏、热烈的掌声和助威呐喊都给予运动员强烈的感染与震撼，激励鞭策他们刻苦训练，顽强拼搏，勇攀竞技体育高峰，促进竞技体育向"更高、更快、更强"的方向发展。离开广大体育爱好者的支持与关心，高水平竞技体育也将失去发展的沃土与动力。

第二，社会体育在发展的过程中，十分重视对优秀竞技体育人才的挖掘与开发。从这一角度来说，社会体育能够为竞技体育的发展输送人才。

（二）体育的功能

对体育的功能进行准确认知，是正确认识体育、全面发挥体育作用的重要前提。就当前来说，体育已形成了多样化的功能，较为重要的功能有以下几种：

1. 健身功能

体育在开展的过程中，需要借助于身体运动这一有效的方式，这决定了体育要具有健身功能。"从促进学生全面发展的角度而言，高校公共体育课程教学的主要目的是培养学生掌握一定的体育运动技能，基本形成自觉锻炼的习惯，在走向社会以后能够坚持锻炼，使体育成为生活的有机组成部分，即所谓的终身体育。"[①]事实上，在体育的众多功能中，始终处于基础和核心地位的就是健身功能。具体来看，体育的健身功能主要通过以下方面表现出来：

（1）体育能够促进人体的新陈代谢，加强人体的同化和异化作用，提高人体的循环和供氧能力，继而使人的身体机能得到健康发展。比如，体育运动可改善肌肉的血液供应状况，增加肌肉内的营养物质，特别是蛋白质的含量，使肌纤维变粗，工作能力增强，并促使肌肉有更多的能量储备，进而提高运动能力。

（2）体育能够增强人的体质，这既是体育的独特之处，也是体育健

---

① 谢燕歌，洪浩．普通高校公共体育课程教学指导思想探索与思考［J］．北京体育大学学报，2014，37（01）：98.

身功能的最主要表现。体育运动项目多种多样，体育运动方法也极为丰富，因此人们通过参与多样化的体育运动，并借助于多元化的体育运动方法，可以使身体的各个部分和各个器官等都得到有效的锻炼，继而有效地促进身体各部分和各个器官的健康成长与发展，使人拥有健康的体魄。比如，体育运动可以促进骨骼生长，还可促使骨骼变粗，使其抗弯、抗折、抗压的能力增强。

（3）体育具有一定防病强身的医疗作用，如华佗继承"导引"的经验，以虎、鹿、熊、猿、鸟等五种禽兽的动作创编的保健体操"五禽戏"，就被用来防病治病，类似的体育运动还有八段锦、太极拳等。此外，体育运动在改善神经衰弱、降低高血压、减少糖尿病和肥胖症等方面也发挥着十分重要的作用。

（4）体育能够对人们的心理健康发展发挥一定的促进作用。人们在参与体育运动的过程中，会感觉到心情舒畅、精神愉快，并会及时排除个人性格和心理状态中的不健康因素，提高心理的调节能力。如此一来，人们的心理便能得到健康发展。

（5）体育能够增强人体对自然环境的适应能力，从而帮助人们减少或减缓疾病，促进身体的健康发展。

（6）体育能够帮助人缓解紧张和精神压力，消除疲劳，排遣不良情绪，延缓衰老，延长寿命。

2. 教育功能

在体育的功能构成中，教育功能也是不可忽视的一个。当前，世界各个国家都十分重视发挥体育在教育中的作用。具体来看，体育的教育功能主要是通过以下几个方面表现的：

（1）体育是学校教育的一个重要组成部分，对于培养德、智、体、美、劳全面发展的人才有着重要的作用。当前，几乎所有的国家都将体育作为一项重要的教育内容纳入学校教育之中。同时，各个国家还积极挖掘体育在提高学生的思想政治、意志品质、道德情操、体育文化水平等方面的特殊功效，以便学生能够掌握基本的体育理论知识和运动技能，在增强体质的同时，其他方面也能得到较为全面的发展。

（2）体育特别是竞技体育可以有效激发人们的民族意识、集体观念、荣誉感、责任心、奋发向上和顽强拼搏的进取精神，对人们形成良好的社会公德也有积极的影响。

（3）体育运动中通常会蕴含着美的因素，如花样游泳以其优美的姿态被称为"水上芭蕾"，太极拳舒展柔和、轻灵圆滑、连绵不绝的动作令人感到赏心悦目，等等。因此，人们在参与或欣赏体育运动的过程中，也能形成一定的审美能力。

3. 政治功能

体育的政治功能是客观存在的，这已被无数的现实所证实。具体来看，体育的政治功能主要是通过以下几个方面表现出来的：

（1）体育和国家主权、民族尊严有着不可分割的联系，凡是在与国家原则性相关的问题上，体育必须要服从政治的需要。

（2）体育是展示一个国家的政治和综合国力的窗口，能够振奋民族精神，增强民族凝聚力，提高国际地位。比如，当一个国家的运动员或运动团体在国际性的重要体育比赛中获得冠军时，这个国家的人民会不自觉地提升民族自豪感和荣誉感，并深刻感受到国家的不断强大及其在国际社会中影响力的不断提升。又如，当一个国家被选为奥运会的举办国时，就说明这个国家的综合国力是较为强大的，因而申办奥运会的竞争实际是一场综合国力的竞争，是一场国家形象和民族地位的竞争。一旦申办成功，就意味着这个国家的综合国力和国际地位得到了国际社会的认可。我国在2008年便获得了奥运会主办权，这是我国在提高国际地位方面所树立起的又一座里程碑，也是中华民族伟大复兴历程中的一大盛事。

（3）体育在某些时候可以为国家的外交政策服务。最为典型的一个事件，便是我国的"乒乓外交"，在中美关系正常化过程中发挥了十分重要的作用。

（4）体育在改善国家间关系、促进国际交流方面发挥着重要的作用。世界各国人民通过参与体育运动，能够增加相互之间的接触和交流，增进相互之间的了解，这对于世界各国人民的团结以及人类社会的和平发展有着积极的作用。

（5）在现代国际体育比赛中，体育常被用来作为反对或抵制某个国家、某一项活动的政治手段。

4. 娱乐功能

在体育的基本功能中，娱乐功能也是十分重要的一个。人们通过参加体育运动，能够在完成各种复杂练习的过程中，在与同伴的默契配合中，在与对手的斗智斗勇过程中，在征服自然障碍的拼搏中，得到一种非常美妙的快感。体育无愧为一种最积极、最健康的娱乐方式，它能满足男女老幼的精神需要，越来越多地吸引人们自觉投身于其中。

5. 文化功能

体育与文化有着密切的联系，因此文化功能也是体育的一项重要功能。具体来看，体育的文化功能主要是通过以下几个方面表现出来的：

（1）体育是伴随着人们的文明历程和文化发展史而得以逐渐发展和完善起来的。在体育项目最初萌芽时，多会伴随着祭神等社会文化活动，以祈求神明保佑自己战胜对手。即使在今天，体育运动的开展也伴随着很多的社会文化活动，如奥运会举办前要开展象征着传递奥运精神的火炬传递活动。

（2）体育在发展的过程中，衍生出很多的精神产品，极大地丰富了人们的精神生活。比如，体育比赛强调"公平、公正、公开"的精神，奥林匹克运动强调"更高、更远、更强"的精神等。这不仅使人们对体育精神有了更为深刻的了解，而且促使人们的精神世界更为丰富。

（3）体育比赛特别是国际性的体育比赛，从某种角度来说就是来自不同国家、不同种族、不同肤色的运动员一起进行一次真正意义上的大狂欢。在这一过程中，运动员之间通过接触与交流，不仅加深了对彼此的了解，而且对对方的文化传统也有了一定的认知。如此一来，不同国家的人们便会增强对其他国家的文化了解与认同，这对于增进各国人们之间的友谊是极为有利的。

（4）体育比赛特别是国际性的体育比赛，在举办前可能需要修建相应的体育场馆、设计比赛的徽章等。在这一过程中，举办国际性体育比赛的国家都会以自身的文化传统为基础，设计体育场馆和比赛徽章，以便让其他国家更为全面、正确地了解自己。

6. 经济功能

在体育的功能中，经济功能也是十分重要的一个。体育的经济功能是由体育与经济的互相促进作用所决定的，即经济的发展能够推动并制约体育及其相关产业的发展，而体育运动的发展能够为社会创造无限的商机，继而促进社会经济的繁荣。

伴随着科技的进步、经济的不断发展和生产率的提高，人们的生活水平有了很大提高，闲暇时间也逐渐增多。在这种形势之下，参与和观看体育运动成为人们放松身心、休闲娱乐的重要方式。再加上国家对体育事业的重视，体育产业获得了迅速发展，并形成了巨大的体育消费市场。当前，参与到体育消费市场的消费者数量是极大的，且呈现出不断上升的趋势。受此影响，体育产业成为各国国民经济中颇有前途的产业部门。比如，意大利通过发展以"足球工业"为主体的体育产业，大大促进了国家经济的发展。

体育的经济功能除了表现为促使体育产业成为各国国民经济中颇有前途的产业部门，还表现为体育运动的发展为社会创造了无限的商机。比如，通过售卖体育比赛的门票来获得收入，借助于大型运动会的举办来促进交通、旅游、餐饮等相关行业的发展，等等。

总之，经济功能是体育功能的构成中不可或缺的一部分，而且体育的经济功能在当代社会的体现日益明显。

二、高校公共体育的地位

在我国，学校体育既与竞技体育和体育锻炼三位一体，组成完整的体育系统，又与德育和智育有机结合构成学校教育的主要内容。学校体育独具特点，是一种多功能的社会活动方式，它对个体学生和整个社会都有着重大而深远的影响。而高校公共体育作为学校体育的一个重要组成部分，在我国社会中也有着十分重要的地位与作用，具体表现在以下几个方面：

（一）高校公共体育是培养全面发展人才的重要方面

"在高校体育工作中，体育课程教学一直扮演着增强学生体质健康的主要角色。同时大学体育对于培养学生体育学习兴趣、培育学生体育生活化意识与促进学生身心健康全面发展都发挥着至关重要的作用。"[①]在我国，高校培养人才的质量标准和目标是使学生在德、智、体等方面得到全面发展，使之成为有理想、有道德、有文化、有纪律的社会主义建设者和接班人。社会主义现代化建设要求学生既要坚定正确的政治方向，热爱中国共产党，热爱祖国，全心全意为人们服务，又要具备一定的文化水平和专业知识，掌握为现代化建设服务的本事，同时还要有健康的体魄。没有健康的体魄做后盾，难以在现代化建设中发挥应有的作用。从这一角度来说，高校公共体育是贯彻社会主义教育方针，培养德、智、体全面发展人才的一个重

---

① 强磊，王轶，郑继超. 新时代大学公共体育教学改革创新探索 [J]. 教育现代化，2019，6（61）：62.

要方面。

（二）高校公共体育是提高国民体质的重要举措

依据遗传学和优生学理论，身强体壮的一代人所繁衍的后代，也会有良好的体质，而且会超越前代。如此一来，经过几代人的繁衍与发展，中华民族的整体体质水平将会得到大大提高。

大学生正处于生长发育的重要时期，通过参加体育活动和体育锻炼，可以使机体得到良好的生长发育，继而使自身形成健康的体魄，为日后的工作与生活打下良好的身体基础。同时，大学生的体质水平是衡量中华民族整体体质水平的一个重要标准。而要提高大学生的体质水平，一个重要的举措便是开展高校公共体育教育。大学生在参与高校公共体育教育的过程中，能够学到较为系统和前沿的体育知识和体育理论，而且能够通过系统的体育锻炼而形成健康的体魄。此外，大学生在参与高校公共体育教育的过程中，会形成终身体育意识和终身参与体育锻炼的良好习惯。如此一来，他们便能在走入社会后始终保持充沛的精力、健康的心态和强健的体魄。

总之，通过对大学生进行公共体育教育，可以有效促进国民体质水平的不断提升。

（三）高校公共体育是培养优秀体育后备力量的途径

高校在开展公共体育教育的过程中，为了确保取得理想的效果，必须对学生的身体机能状况以及体育技能掌握情况等进行全面深入的分析，并据此选择最为恰当的公共体育教学内容和教学方法。在这一过程中，可以及早发现体育苗子，并对其进行系统和科学的训练，使之成为国家优秀的体育后备人才。从这一角度来说，高校公共体育是培养优秀体育后备力量的重要途径之一。而高校公共体育在培养优秀的体育后备力量时，还应注意加强对体育苗子的业余运动训练，并有目的、有计划和有组织地开展业余运动训练工作，使其牢固掌握基本的体育知识和技能，不断提高自身的身体素质和运动技术水平。

（四）高校公共体育是促进学生身心发展的重要组成部分

伴随着年龄的增长，大学生不仅自我意识会逐渐增强，个性特征也会日益明显。但是，就大学生整体的发展状态而言，他们还具有身心发展不平衡、意志品质发展不够稳定、性格不够成熟等特点。而高校通过开展多种体育活动形式，能有效地帮助学生稳定心理状态，使他们能够进行自我调整和提高自控能力等。从这一角度来说，高校公共体育是促进学生身心和谐发展的一个重要组成部分。

第二节　高校公共体育教学与德育管理

一、高校德育教育的意义

"德育教育一直是高校的重点教育内容，在学校各方面的努力下，德育教育取得了丰硕的成果，但也存在着一些问题，这些问题对于进一步推进德育教育工作产生了负面影响。因此，为了提高高校德育教育的实效性，增强德育教育的影响力，我们迫切需要开辟更多德育教育工作的路径。"[①]

高校开展德育活动需要教育者、受教育者，以及高校管理者的共同参与。高校管理者的参与，是为了更好地对学生的德育活动进行有效管理，是为了德育活动和德育教育更好地契合，从而更好地实现德育教育的目的，从整体上提高高校德育质量。

第一，有利于协调高校、家庭和社会之间的关系。影响德育管理效果的因素有很多，高校德育往往受到上至社会，下至邻里、家庭等诸多因素的影响。这也要求高校管理者必须着眼于社会的要求，立足高校的实际，兼顾家庭的影响进行德育管理，这样才能够达到理想效果。在具体的操作中，德育往往受三大因素的影响：家庭、校园、社会。其中校园因素在绝大多数时候都是主要因素。作为德育管理的"主战场"，校园必须要协调好与其他外部因素的关系，争取使社会、校园、家庭携手共进，达成一致，以合力推进德育管理，达到"1+1+1＞3"的效果。

第二，有利于协调高校内部各部门、组织之间的关系。高校对德育的管理，是宏观地协调高校各部门组织之间的关系。之所以这样说，是因为高校开展德育活动需要高校内部各部门组织之间的协调配合，比如，党组织、高校工会、教务处、教导处、行政部门、后勤处、总务处、班主任、教师、

① 钱峰. 高校德育教育现状及路径探析 [J]. 教育教学论坛，2020（40）：63.

学生会、共青团等。通过各部门积极配合，对与德育活动开展有关的高校内外的人力、物力、财力等教学资源进行充分利用和合理分配，辅助开展德育教学活动课外活动。高校通过宏观调控部门组织之间的协调关系，避免不必要的冲突，从而合理运用高校资源，顺利开展德育教育，有效地提升德育质量和效率。

第三，有利于协调高校德育过程内部各要素之间的关系。要真正使德育教育成果落在实处，需依赖各方配合。"德育教育是高校教育教学体系的重要组成部分，是高校学生综合素养形成的前提。"①德育对象应是"学生"群体，包括个人，但不只有个人，德育是以个人为对象的群体教育行为。但是需要注意的是，学生群体本身的复杂性也会对德育活动产生重要影响。此外，教师群体本身也颇具复杂性。因此，以复杂的群体构成为对象同时还要兼顾个体的德育活动，必然也应是复杂的综合性活动。为了使德育活动真正得到实效，就必须区分这些群体中的各个要素，并科学合理地安排每一个要素，以使其协调配合，共同推进德育活动的开展。

二、高校德育管理的模式

综观历史和现实，高校及其德育管理有三种基本类型或模式，它们在出现的时间上有先有后，但各自都有其优点和缺点，并都在发展之中。

（一）行政型管理模式

顾名思义，行政型就是将德育放在行政管理模式下进行。这一模式最大的特征就是采用权威强制推行德育教育。教育者和被教育者是上下级的关系，等级森严，各级言行举止有其规定范式，不得逾越。

行政型管理模式的优缺点都比较明显，最大的优点是高效，上级关于德育的意志几乎可以毫不费力地瞬间在整个集体中推行下去。但缺点也同样明显，下级完全丧失了机动性，容易一刀切地面对不同情况。

（二）经验型管理模式

如果对德育管理进行论资排辈，那么经验型的德育教育模式绝对资历最老。这一模式在德育教育出现之初便存在了。与行政型不同的是，经验

---

① 姜晓琳，王鹏．新时代高校德育教育的创新与实践［J］．食品研究与开发，2020，41（19）：247．

型的德育教育模式主要依赖于高校领导的经验。这种经验来源于他们的人生经历，或来源于他们的知识，可以肯定的是他们的经验一定带有主观色彩与个人色彩。从某种程度上来说，他们的经验也都相对固定，因而这种模式下的德育管理模式虽然是以主观的经验为基准，但也仍然能够呈现出相当稳固的运行模式。领导经验的适宜与否也将长久地影响其治下单位的德育管理效果的好坏。现代社会的发展已经迈入全新阶段，故对经验型管理者也提出了更高的要求。现代的经验型管理者必须兼具科学素养、人文素养、大局意识，必须对德育教育发展的方向有清晰而准确的预判，对手下推动德育教育发展的工作人员要给予足够的重视，对在德育教育中的各种突发情况要有足够的处理能力。

经验型管理有其优势，优势就在于管理者本身的经验的可靠性。然而，缺点也非常明显，任何人的经验都是基于特定的时间地点体验的综合体，因此都不可避免地带有这样或那样的局限。要突破这种局限，就必须懂得具体问题具体分析。

（三）科学型管理模式

在 19 世纪末 20 世纪初，诞生了一种新型管理模式，即科学型高校德育管理模式。科学型高校德育管理模式，利用科学理论对高校管理对象进行调查、测量、实验、统计、分析，并有效地分析管理过程的影响因素，从而发现管理对象和管理过程间的关联，以关联作为依据运用科学的管理方式进行决策管理。

综上所述，行政型高校德育管理模式、经验型高校德育管理模式、科学型高校德育管理模式都具有各自的优势和不足，不能一刀切地认为，哪种管理模式最好，哪种最不好，应该在高校实际的管理过程中，具体情况具体分析，结合各个管理模式的优势开展管理工作。

三、高校公共体育德育管理的实施

高校公共体育教学中的德育教育管理需要从教学方式入手，结合良好的教学理念，在教改的基础上，让体育运动与学生生活相关联，并利用现代技术辅助提高体育教学的效率，将德育教育更好地渗透到高校公共体育课程中，让体育教学得到更好的发展。德育管理过程中，教师既要以学生为教学的主体，还要科学合理创新教学方法，通过生活化教学、教学做合一、信息化教学、情景教学等方式，让高校公共体育课程引导学生树立正确的三观，塑造良好的人格与品质。

（一）德育教育在高校公共体育教学中的渗透

高校公共体育教学需要结合教材内容对学生进行相应的理论教学与体育运动训练，深入挖掘体育运动中的德育元素。例如，教师在讲解"武术运动"一课时，应该对教材内容进行深入的了解，对学生进行相应的引导。比如太极拳，刚柔并济，教师要引导学生将太极的这种动作特点与生活中处理问题的方式相结合，需要学会变通，并以柔克刚，寻找到最有效的解决问题的方法。教师还要深入挖掘中国武术的文化内涵，从而增强学生的民族自豪感。

（二）生活化体育教学，培养学生思想与道德

生活化教学理论是陶行知先生最早提出的，也是我国教育的重要理论，为我国教育事业的发展与改革做出了巨大的贡献。学生在生活中感受体育所带来的不同思想，还能塑造学生良好的品质，培养学生良好的生活习惯，强健体魄，让学生对德育知识与体育运动的学习更感兴趣。

例如，在学习球类运动时，教师可以收集生活中篮球场上发生的一些精彩比赛的视频，利用多媒体播放，让学生感受篮球场上的生活气息与乐趣。日常生活中也可以经常组织学生进行篮球运动，让篮球运动慢慢成为每个学生日常生活的一部分。篮球运动过程中，教师要讲述一些篮球场上的礼仪，虽然篮球运动较为激烈，容易产生身体上的碰撞，但要学生能够更好地调整自己的心态，公平公正进行比赛，这样能够提高学生篮球运动的水平，也能让学生在生活中更加勇敢，遇到问题更加冷静，培养学生高尚的品质。

（三）创新体育教育方法，丰富学生体育认知

德育教育与体育教育结合过程中，教师要充分利用立德树人的教育思想，以学生为体育教学的主导，结合教材内容对体育教学项目进行相应拓展，扩大学生的体育视野，丰富学生的体育认知。让学生根据自己的喜好选择不同的体育项目，更全面主观地培养学生的德育素质。

例如，教师在讲解新兴运动项目时，可以利用信息技术查找新兴运动项目的资料与素材，让学生对其进行充分的了解，比如，轮滑、攀岩、滑板等项目，学生根据自己对项目的了解选择学习相应的运动，教师也要针

对相应的运动进行指导，讲解该项运动能够锻炼人的什么品质。教师应通过信息技术将各项运动的比赛或活动视频整理给学生观看，不仅能拓展学生的体育视野，同时，也能让学生欣赏运动员的精神与品质，更好地对学生进行德育教育。

（四）情景化教学，营造学生体育精神教育氛围

教师应以学生基本学习情况为基础，结合体育教学的内容，创设良好的德育教育情景，使学生能够通过情景教学的方式，进行个性化体育学习，这样，不仅能激发学生学习体育的热情，也能让学生在情景中充分感受到体育运动的精神，培养学生的个性特点。

例如，在培养学生社会适应能力的教学中，教师可以将体育课堂设计成社会的缩影，让学生能够在体育课堂中进行社会能力的学习，充分实践"社会即学校"的教学理念。在体育课中，让学生扮演不同角色，构建火灾发生时的情景，让学生结合自己的角色进行相应处理。有的学生可以表演逃生，有的学生扮演医生对受害者展开救治，有的学生扮演消防人员进行救援。通过社会情景的展现，让学生感受到危险来临时良好的身体素质能够保护自己，同时也能为社会做更多的贡献。

第三节　高校公共体育教学与智育发展

一、高校公共体育与智育的联系

高校公共体育是一门科学，体育教育本身包含着对运动生理学、运动生物化学和体育卫生保健等学科理论知识的学习，掌握这些理论知识，有助于学生更好地理解和提高他们的运动技术和技能。学生在运动场上尽情地奔跑跳跃，不但满足了他们生理和心理上的需求，而且打消了他们学习生活枯燥单调的感觉，消除了心理上的沉闷和压抑，真正体会到学校生活的丰富多彩，激发了学生的积极性和自觉性，从而以愉快的心情和旺盛的斗志全身心地投入到紧张的学习中去。参加体育运动，有助于学生智力的发展和对文化科学知识的掌握。

高校公共体育是全面开发学生智力的强大动力。体育为智育的发展创

造了良好的生理条件。高校公共体育活动本身就是体力和智力相结合的身体活动，发展智力的器官有赖于体育活动。

（1）学习不是单纯的脑力活动，增强体质为智力开发创造良好的物质基础，为勤奋学习提供充沛的体力和精力。

（2）根据大脑皮层对人体各种活动的分工，体力和脑力活动有关的中枢的抑制与兴奋可以交替，从而提高学习效率。

（3）体育活动能够提高心肺功能，充分满足大脑工作对氧气的需要、提高记忆力。

（4）体育活动能够提高消化和吸收功能，保证大脑活动所需的血糖供应。

（5）经常参加体育活动，视、听和本体感觉都比较敏锐，大脑神经细胞的反应速度较快从而加强大脑皮层的分析和综合能力。

（6）大脑对人体感觉和运动的调节是按"对侧支配"方式，一般大脑半球左侧比右侧发达，所以右手比左手灵活，体育活动可提高大脑右侧的功能。

总之，高校公共体育与智育的关系是互相联系、辩证统一的。体育与智育是互相依存的，体育为智育的发展创造了良好的生理条件，适度的体育活动能够增强大脑功能，可使大脑皮质相应区域引起兴奋，使已经疲劳的神经细胞得到积极的休息和调节，给大脑补充氧；从而提高大脑的耐受能力，促进大脑的新陈代谢及知觉的敏锐，使学生精力充沛地投入到学习中去，从而提高学习效率。因此，只要统筹兼顾，全面发展，体育和智育就能成为学生健康成才的两个辅翼。

二、智育用于高校公共体育教学的方法

（一）寻求和选择相关的智力因素教育教材方法

教师备课要弄清教学内容的重点和难点，是新授课还是复习课，学生的学习情绪如何等因素。然后根据这些因素的需要，思考与此联系性较强的智力因素。一般智力因素包括学生的注意力、观察力、想象力、记忆力、思维力、创造力以及其他学科的知识，教师可根据教学实际灵活选择。

（二）掌握好智育用于体育教学的时机

智力因素可分为帮助学生学习动作技术的智力因素，纠正错误动作的智力因素，调节学生情绪的智力因素三种。教师可根据课程的需要结合智力因素的教育，使体育课上得更加生动活泼，激发学生的学习兴趣，便于学生更好地掌握各种体育技能。

如"立定跳远"的动作细节口述训练，就是运用学生的感知能力和想象能力因素，来帮助学生更好地掌握这个动作技术，适宜于开始学习动作时使用。但细节描写只能认识动作的顺序及用力方向（动作形状），而动作的用力大小、速度的快慢、程序如何只能靠实践去理解，若用于复习课或上课中途则效果不明显。

再如在投掷实心球的教学中，一部分学生在学习原地正面双手投掷实心球动作时最容易出现"引肩不足"，身体其他部位过于僵硬而导致身体没有充分伸展，发力不够。这时，根据以上所出现的一些问题，在教学中要求学生想象古代战争抛石弹，弹弓、弓箭的作用。然后利用弹片弯曲度大小来分析弹出石子的远近，说明力臂的长度是加速的重要保证。想要获得足够的力臂就得把握好自己的重心，强调手臂应尽量后引形成掷球前的反弓身体姿势，良好的"满弓"姿势是充分用力的前提，使身体各个部位用力更加流畅。这个原理却不适宜于教学开始时使用，因为学生未通过实践，问题没出现，未能引起学生注意，使用效果不明显。

总之，将智育用于体育教学的最好时机是当学生动作新鲜感强烈，求知欲望强时，或者是当学生发现问题而不知如何解决时，具体情况要看课程的内容和学生的具体表现来确定。

（三）掌握好体育教学的智育尺度

智力因素和能力随着学生年龄的增长、知识的日益积累、经验的不断丰富而提高，因此体育课的智育教育亦可逐级增加。在高校公共体育教学中结合智育教育是一个较难的课题，它要求教师要有较全面的知识和较敏锐的观察力，掌握学生的认知规律。因此，教师要适应时代要求，不断探索行之有效的教学方法。通过不断实践、总结，提高授课水平，注重每一节课的教学效果。所授课程内容尽可能地满足每一位学生的求知欲望，使他们"听起来有味，动起来有劲"。同时应充分地认识到，我们教给学生的不仅仅是体育运动的知识和技能，更重要的是要在促进学生身心发展的基础上，培养学生的体育意识和体育能力，为终身体育和"健康第一"打好基础，使学生终身受益，只有这样，智育才能在体育教学中发挥应有的作用。

三、激发高校公共体育教学中的智育教育

在高校公共体育教学中，让学生了解所学项目的基本知识、观看教学视频与多媒体再现情景等，了解该项目的名人事迹，从而激励学生的情感，帮助学生理解体育教材。练习中，教师可以适时点评，通过生动有趣的讲解和气氛渲染，使学生展开想象的空间，激发学生的创造性思维。

此外，在培养学生全面发展的同时，教师要不断更新知识，树立创新型教育观，这样才能拓宽学生的知识面，为培养新时代创新型、复合型人才奠定坚实的综合素质和基础。

第四节　高校公共体育教学与身体美学

身体美学的主要对象是身体，是基础也是核心和主要内容。身体美学和身体教育的连接点就是身体，而身体的健美就是二者的共同目标。身体美学是对身体美的理论阐述，体育则是实践践行。因此，以身体美为交叉点，身体美学和体育教学二者可以实现交叉与融合，激发新的学科视角，促使身体教育产生新的生命力，开掘身体美的理论与实践相融合的新视域，在体育教学中实现身体的快乐、美感和活力。

一、身体美学与高校公共体育教学

身体美学以身体的健美为主要目标，激发身体的各种体验和感觉、知觉，通过身体实现人与自然之间的交流，以身体塑造、锻炼和展示为中心，实现身体的健美。身体美学并没有严格的要求和具体固定的实现路径，它在于鼓励和帮助身体去感知、体验，鼓励不同的人去尝试不同的体育活动或者身体训练方法，找到适合个体的锻炼方法，使人们可以通过这些活动获得快乐、释放和升华，促进身体之美。此外，身体美学还注重对意识的训练和培养，实现意识和身体之间的和谐统一，达到身心一致的状态，激发人的潜能，使身体更加自由和健美。

美是体育的一个主题，力则是体育的另一个主题，二者的统一就是有

力量的美，或者说健美。健美是指美得有力量感，刚柔相济。体育的力有两种类型：一是外显的力量，二是内收的力量。各类体育竞技比赛中的奔跑的步伐、健美的肌肉、拼打的力量都是外显力量，而体育教学正是培养这种力量的必要途径。体育的内收的力量，在于心灵或意志，是一种体育精神。在体育教学中要通过各种体育理论和实践教育，培养学生的体育精神和体育伦理道德，实现内在力量和外在力量的统一、内在美和外在美的统一。

身体美学的关注重心在身体，而高校公共体育教学的教育中心也是身体，因此要让身体健康、充满活力、健硕，成为美和力的统一。身体美学的主要内容在于解释什么是身体的力与美，而体育教学则是研究如何实现这种力和美。因此只有身体美学和体育教学二者的统一，才能实现完整的目标。

身体美学，与体育教学一样，都鼓励真实的身体体验和感受，只有身体的真实感受，才能达到身体的美。高校公共体育教育为了身体的健美，遵循身体的发展规律和不同人的差异，为身体设置各种各样的活动、锻炼，有目地锻炼身体的各种部位、器官和整体的协调性。这样做的目的是使学生能够真正发现了解自己的身体，与自己的身体交流，并通过自己的身体实现和整个世界的交流。

二、高校公共体育教学中身体美学的体现

（一）身体意识的体现

身体美学的一个重要内容是身体和意识的统一，尤其是身体意识的培养。培养身体意识需要在具体的身体活动和训练中提高人的自我意识对身体的感知、认知、理解等等。

高校公共体育教学就是实现这个目的的最主要场所，因为在体育教学中，学生可以在老师的指导和帮助下，系统性地通过各种体育活动逐渐认识身体，形成身体意识。例如，通过跑步，可以让人了解自己的腿，平衡能力和爆发力、耐力等；通过跳高、跳远可以让人了解身体的其他秘密。因此，体育教学是身体实践和身体意识培养的主要场所，可以让身体意识得以觉醒并日渐强烈、成熟。

（二）身体实践的体现

高校公共体育教学一方面是体育实践的重要场所，另一方面是体育理论教育的主阵地。体育教学可以实现身体实践和理论的结合，达到事半功倍的效果，是创造性、交流性的独特教育内容。在体育教育教学中，需要把握"身"和"体"的统一。"身"着重在身体的外部感受，感性经验，而"体"着重在身体的内部感受与知性认识。"身"与"体"的结合，就是将身体的外部感性经验转化为知性认识，实现身体的洗礼和升华。体育教学是一个长期的过程，不是一朝一夕可以实现的，只有在长期的体育实践教学中，才能逐步提高身体体能和身体意识。

（三）身体美感的体现

身体是人与自然之间的中介，身体是自然的一部分，也是人的存在形式。通过身体，人可以实现和自然的联结，身体的美与自然万物的美是和谐一致，相互统一的。身体的美，是人类创造美、感知美和发现美的起点和基础。体育教学与身体的美有着不可分割的联系，身体审美始终贯彻在体育教学中。在高校公共体育教学中，老师要注重培养学生的审美品位和格调，提高学生的欣赏能力和品位，强化学生的身体意识，增强学生参加体育活动的兴趣和热情，让学生在学会感受和欣赏美的过程中，也能够掌握体育的知识和功能，使生命活力蓬勃发展。

高校公共体育教学要培养身体的美感，不是肤浅的美，而是深刻的美，是内外一致的美感。体育教学需要培养综合型的学生，不仅仅是培养体育特长生，更重要的是培养学生的内在美，塑造学生的道德、伦理、精神和意志，使其养成积极进取、勤劳奋斗、阳光健康的性格品德，并具有优秀的道德情操和卓越的人格品行。

三、高校公共体育教学中身体美学的作用

（一）实现身体和心灵的和谐统一

在我国近代以来，身体的体育教学一直受到重视，成为一种国民使命。因此，在这个意义上，体育既是物质的存在，也是精神的存在，是内在精神和外在身体需求的统一。

体育的本质精神在于强身健体和体悟精神。体育需要追求身体和心灵的和谐统一，通过外在的身体运动、体验和训练实现心灵的内在感知，获

得心理上的愉悦、喜悦和放松，以及成就感。因此，体育教学的"体"不光是指肉体，也包括智慧、道德和审美。只有这样人才能成为自由而完整的人。

只有身体和心灵的和谐统一，才能还原生命的本真状态，展现人类的身体的健硕与优美，流畅的运动，坚强的生命力和丰富愉悦的身体体验，在自由自主的活动中感受生命的热情和健康。体育教学由此上升为健康教育和生命教育，帮助学生培养科学的健康观和科学的生命观，实现身心统一、人格完整。

（二）激发与保护生命力

身体美学以身体作为认知对象和主体，身体审美需要首先培养起身体意识，即通过身体的体验、训练和各类活动，使学生感受到身心的统一和健康，促进身体的和谐。对身体意识的培养又需要身体审美的理论和实践相统一，由此创造巨大的现实意义以及精神价值。身体从被忽视、被压抑、被束缚的状态中逐渐苏醒和解放出来，成为积极向上的阳光健康的主体。通过身体的健美，激发和保护生命力。

（三）促进身体与实践的统一

"力"是生命的源泉、生命的存在方式。体育教学是培养生命的"力"的一个最主要的场所和方式：通过身体训练可以塑造身体，使其健硕和优美，展现活力；通过体育活动，可以促进身体的健康，增强体力；通过比赛和竞技，可以激发人的生命潜力，促进身体意识，激励体育精神和品格，使人获得无限动力，激发巨大能量。由此，"力"为生命创造了绵延不断的源泉。

身体是人的生命的物质载体，体育教学是锻炼身体，进而激发和培养生命力的重要场所。体育教学通过各种各样的实践活动，例如跳高、跳远、打篮球等，激发人的生活热情和激情，展现生命的魅力，使学生寻找到生活的热情和兴趣爱好，激发学生的向上之心，让学生体会生命的力量。在这个过程中，实现生活的成就感和价值。

人是万物的尺度，而身体则是高校公共体育教学的尺度，也是体育教学的出发点和落脚点，同时也是身体美学的基础和目标。身体实现了对身体美学和体育教学的联结，促使二者和谐、融汇和贯通。在这个过程中，激发学生身体审美的兴趣和热情，使学生感受到身体意识和身体实践的统

一、心灵和身体的和谐、力与美的融贯、生命力的觉醒和实现，使人真正成为自己的主人。

第五节　高校公共体育教学与劳动教育

　　劳动教学主要是向学生传授基本的知识和培养良好的生活习惯，使得学生能够明确劳动的价值和意义。而体育主要是通过身体锻炼和心理素质的培养，提高学生处理和解决问题的能力。劳动是体育教学开展的基础，而通过体育教学，能提升学生的思维和动手能力，使得学生对待问题有正确的认知，将它们二者有效结合在一起，可以实现全面素质教育的目的。但从当下的教学活动开展情况来看，劳动被逐渐弱化，有的学校甚至没有相关的课程。所以在具体的融合中，要根据教学情况，有针对性地制订解决方案，并运用先进的教学理念，将劳动和体育融合在一起。

一、高校公共体育和劳动教育的分析与联系

（一）高校公共体育和劳动教育的分析

　　第一，具体的教学目标。在劳动教学中，要让学生培养正确的思想观念并提高劳动能力、掌握不同的劳动方法，从而促使学生全面发展。而体育活动则是利用不同形式的训练，教会学生运动的技巧和体育知识，在运动中促进学生身心健康发展，并训练学生应对问题的能力和思维能力。

　　第二，开展形式。在劳动方面主要是以学生参加体力劳动为主要特征。而体育主要是通过课上课下、分组、游戏以及比赛等活动进行。它们都与实践活动结合在一起，以培养学生的综合能力。

　　第三，教学方法。在具体的教育上，劳动是利用学校现有的资源，比如，在各个班级园地基地中，开展农作物的种植活动，让学生去亲身体会劳动的乐趣。而体育是通过教师的实际演练，教会学生掌握基本的运动技巧和方法，进行反复的练习。

　　第四，教育的主体。在劳动和体育教学中，主体是学生和教师，教师可根据相关教学活动开展的要求和目的，提升自身的专业素养。为了培养学生的兴趣，教师可以和学生共同参与到学习中，这对改变思想观念和教

学方法，具有积极的意义。

第五，教学内容。教师可根据具体的课程设置，在不同的劳动中，提高学生处理问题的能力，体育教学是通过不同的运动项目和竞技游戏，增强学生的竞争意识并提高团队合作能力。劳动是结合生活实践，利用劳动知识解决问题。

第六，教学主旨。通过劳动和体育教学开展的形式、方法以及具体内容等分析可以得知，劳动和体育可以培养学生的实践运用能力，结合不同的教学模式，使学生从具体的知识学习中获得乐趣，并达到锻炼和提升的目的。

（二）高校公共体育和劳动教育的联系

第一，体育是从劳动中起源和发展而来的。从人类活动的发展进程来看，最初人类是通过各种不同的跑、跳获得相应的生存资源。但在经济发展下，逐渐从劳动中脱离出来，比如，铅球是从原始的抛掷劳动演变而来的，跨栏是在生存条件下或者是进行自我防卫时产生的。随着时代的进步，体育成为锻炼身体和获得相关知识的一种文化行为。

第二，劳动是体育教学开展的重要支撑。在原始社会中，人类面临着严峻恶劣的生存环境，人的体能和体力是其开展各项生存活动的主要条件。而在生产力和劳动技术与工具的不断改进下，对体力的要求降低。为了进一步提高和改善生存环境和劳动质量，形成专业性的社会活动，伴随着人类文明的进步，体育从劳动中脱离开来，根据科学技术的发展而不断进步。

第三，体育活动有助于改善劳动行为。通过不同形式的体育活动开展和知识的学习，学生可以掌握相关的运动技能，并提高生存能力，还可以及时将一些负面情绪排解出去，促进身心健康发展。由此可以看出，在体育活动的开展下，可以使得学生在劳动中拥有饱满的精神和足够的精力，提高劳动能力和效率。

二、高校公共体育和劳动教育融合的意义

（一）利于改变思想，树立正确的劳动意识

在体育教学中融入劳动知识，并结合游戏教育开展的形式，可以使得学生更能接受劳动教育，并能在不同的体育活动中，明确劳动给自己带来的影响。从日常的衣食住行出发，通过洗衣、做饭等生存技能的培养，使

学生形成良好的生活习惯，在学校中，鼓励学生积极参加一些公益性活动或者服务活动。在生产劳动方面，结合劳动基地组织一些课外活动，一方面让学生体会如今生活中的点滴来之不易；另一方面可以丰富他们的生活体验，提高他们的生存技能。而在体育教学中，结合运动的开展，在训练和游戏中改变学生的思维方式，从新的角度看待劳动，从而促使学生行为的改变，为劳动教学的开展打下坚实的基础。

（二）保证素质教育，实现全面发展

在实际的教学中，不仅是传授基本的知识和技巧，还是通过不同活动的开展，培养学生的创造能力。根据活动中遇到的问题，在教师的帮助下，运用正确的思维方式去解决问题，从而实现德智美的综合发展。在体育教学中融入劳动，在劳动知识和技能的提升下，为开展体育教学打下基础，并将劳动和相关的体育活动紧密结合在一起。比如，利用现有的教学资源，在播种和收割的游戏中，可以结合跑步比赛的形式，明确劳动的难易程度，从中培养学生的担当意识。

（三）有助于提高学生创造和处理问题的能力

劳动和体育是从不同的内容和教学方法上，有针对性地培养学生的实践能力。在我们的日常生活中，具体的劳动包括煮饭、做菜、打扫、种植以及整理等。比如，在体育教学中，学生会根据自己的喜好，选择合适的运动器材开展活动，结束后，器材会散落一地，可以安排学生去收集和整理，主要是自发性的进行。在劳动中，学生会不知道自己具体该从哪方面着手，工作顺序是怎样的，结合实践活动的开展和知识的讲解，可以从中获得正确的应对方法，从而在面对问题时，能够运用发散思维进行独立解决，提高他们的生存能力。

（四）有助于提高学生的适应性和生存能力

当学生处于陌生的环境下，会显得茫然无措和害怕，基本的吃饭和睡觉问题等都会难住许多学生。而在不同阶段的学生中，由于劳动能力和知识结构体系的差异，导致他们在处理这些问题时的方法不同，如果将劳动和体育结合在一起，可以保证他们维持生存的能力，在面对不同的环境时，他们能以冷静的态度结合所学知识，将问题一个一个解决，这对提高他们的适应能力和生存技能具有重要的意义。

（五）益于挖掘学生的潜力

在现阶段的教学中，虽然教学模式和方法都在改变，但具体的形式较为固定，在长时间的学习下，会使得学生有厌烦情绪，从而导致学习质量不高。而在体育和劳动教学中，主要是以学生为主体，根据他们的需求设置相关的内容，并通过不同的形式培养学生的兴趣，有利于在游戏活动中发现学生的特点和潜在能力，从而根据课程设置调整教学方案，提高他们的实践运用和学习能力。

三、高校公共体育和劳动教育的融合方法

（一）加强教师的专业培训

第一，提高专业教师的教学水平。学校要根据劳动和体育教学开展的必要性，针对劳动和体育两个专业的教师，开展知识培训和专业提升活动，可以先从思想观念的改变开始，结合教学中遇到的问题，改变方法，结合现代化的教学手段，提高自身的综合能力。

第二，加强对其他学科教师的思想教育。劳动和体育教学依靠两个专业教师的力量是不够的，要加强对其他教师的思想教育，明确教学开展的价值和意义，并在教育工作中，积极将劳动和体育融入其中，从而在日常的思想引导和行为纠正下，帮助学生树立正确的态度。

（二）将劳动和高校公共体育相关教学活动结合在一起

在不同的学习阶段，具体知识内容是不同的，在小学时期主要有语文、体育、数学、美术、书法等课程，但由于各个学校对辅助课程的教学重视程度不同，导致在具体的教育方法上存在较大的差异性。针对这种情况，可以在语文阅读教学中，融入相关的劳动知识，并结合一些特殊代表人物，分析其行为和获得的知识。而在高中或者以上的学生，他们已经有自己的知识结构体系，在应对和处理问题时，有自己的方法，但可以根据他们在日常生活中的具体表现情况，将体育和劳动知识渗透到其中，促使学生全面发展。另外要根据教学开展的实际情况，将实际生活和社会实践结合在一起，让学生去亲身体验体育和劳动精神，提高学生的思想水平。

（三）更新改变教学方法

在进行劳动和体育教育时，要根据不同阶段学生群体的特点和习惯，

制订科学的教育方案，综合教学中存在的问题，改变教学方法。要利用当前的教学资源和技术手段，调整工作模式，与学生融合在一起，提高他们的学习能力，并在劳动和体育教学不断开展和深入下，发挥学生的主观能动性，培养学生的创造能力，根据相关的考核和评价体系，及时进行教学反馈。比如，在体育教学中，主要有跑步、跳远、篮球等运动，可以通过制订一些小游戏，将劳动知识融入文化教学中，从而培养学生的劳动意识。

（四）制订科学合理的评价体系

在劳动和体育教学中，要根据不同的专业内容，设置教学要求和教学目的，从学生的运动、创造、担当、知识、行为等方面，建立科学的评价标准，并根据这些内容，进行全面的考核。在教师的教学水平和工作情况中，除却学生的考核之外，还要根据具体的教学方法和工作效率等，定期开展教学反馈活动，这种反馈不仅是在学校、教师以及学生之间开展，还有家庭、社会实践活动和组织，从而了解实际的教学质量和存在的问题，并根据这些问题，寻找和制订解决方案，从而实现融合教学的目的。

综上所述，在进行劳动和体育教学中，要根据不同的知识和教育内容，结合学生的具体情况和现阶段工作中存在的问题，提供科学的解决方案。同时，依据教学要求、内外环境的变化等，加强对教师的专业培训和思想教育，改变其教学方法，运用学校现有的教学资源，利用不同形式，以培养学生的兴趣为基础，制订科学的教育方案。为了提高教学质量，可以通过对劳动和体育教学的内在关系分析和研究，采用正确的措施，将具体工作落实好，实现全面教学目标。

第六节 高校公共体育教学与心理健康

一、高校学生心理健康教育认知

（一）高校学生心理健康的影响因素

高校学生心理健康问题是在各种因素的共同作用下长期累积的结果，因此，我们有必要全面探讨在大学生成长过程中，特别是早期，影响其心理健康的各种因素。

1. 家庭因素

个体的早期经验对其一生的心理健康具有重要的影响。成人所表现出来的各种心理问题都带有其童年的体验和遭遇的痕迹。早期所经受的较大的挫折或创伤，可能会被压抑在个体的潜意识中，在以后会以各种形式表现出来，形成个体的心理障碍。而个体早期的生活环境主要是家庭，家庭的结构和生活氛围、父母的教养方式、家庭经济状况等均对子女心理发展和心理健康具有重要影响。

家庭的结构对学生的心理健康有很大的影响，完整的家庭对孩子的心理发展有良好的影响。父母对子女带有差异性的教育是一种天然的和谐，是一种相互取长补短的巧妙配合。而不完整家庭则对孩子的心理健康具有十分不利的影响。所谓不完整家庭是指双亲的一方或双方死亡、离婚等家庭。在这样的家庭中，由于缺少父爱或母爱，而父母对子女的作用不相同，两者不能互相代替，因此易使个体心理发展，特别是个性、情绪上出现缺陷或障碍，如孤僻、冷漠、焦虑、忧郁、退缩等。

家庭中的生活氛围也对学生的心理健康有直接的影响，学生在家中生活，能时刻感受和体验着家庭的生活氛围。如果家庭各成员之间互相尊重、互相爱护、坦诚、谅解、和气和忍让，家庭中会形成一种和谐、温暖的人际关系和积极向上、轻松、欢乐的生活氛围，这非常有利于个体情绪稳定和良好性格的形成，有利于其心理健康。

2. 学校因素

在大学生的成长过程中，学校教育对其心理发展和心理健康的影响占有重要地位。从学校教育的指导思想、组织形式和教学内容、方法到教师的态度、管理方式及对学生的期待，以及学习压力、人际关系压力和校风等，都会对学生的心理健康造成影响，主要有以下因素：

（1）教师的管理方式、期待的影响。与家庭的教养方式类似，教师的管理方式可以分为民主式、专制式和放任式。显然，民主式的管理方式最有利于学生的心理健康，而专制式、放任式的管理方式均不利于学生的心理健康。教师对学生的态度和期待也会对其心理健康产生效应。如果教师对学生有良好的、积极的期待，即使不用言语明确表达出来，学生也会不知不觉地感受到这些信息，并朝着教师所期待的方向健康发展。

（2）学习压力的影响。适当的压力会使学生产生适中程度的紧张，易于集中注意力，调动积极性，有利于学习。但是过重的压力会造成学生的焦虑不安等，如果长期处于这样的状态，就会导致心理问题的出现。

（3）学校中人际关系的影响。学校中的人际关系是影响学生心理健康的重要因素，这是因为任何人都不能离开他人而生活，人有归属感和交往的需要。人际关系良好与否会直接影响学生的心理健康，或者说人际关系本身就是心理是否健康的重要标志之一。一个有良好的师生关系和同学关系，在班集体中得到肯定、尊重、温暖、平等对待的学生，会产生安全感，这必然有利于其心理的健康发展。此外，校风、学校的管理制度、教育方法与奖惩措施等都会影响学生的心理健康。

3. 社会因素

人总是生活在一定的社会环境之中，社会文化背景、政治经济状况、社区环境、社会风气、风俗习惯及重大的社会事件等，都会对大学生的心理健康产生影响。近年来，人类在社会经济、文化和科技等领域取得了巨大的进步，人们的生活得到了很大的改善，但是同时也加剧了竞争，加快了人们的生活节奏，加大了生活的压力，因而导致人类的心理疾病的发生率不仅没有减少，反而呈不断上升的趋势。

（1）网络问题的影响。互联网跟其他科学技术一样，它既有助于大学生开阔视野，又给他们带来机遇，但与此同时也给大学生造成了许多不容忽视的消极影响，特别是在心理健康方面。网上的人际交往不是面对面的直接交往，而是符号化的间接交往。在网络交流过程中，大学生们会感到更轻松、更自在。在虚拟化的社交环境中，大学生们不用担心、掩饰自己的缺陷，可以通过网络塑造自己的新形象，展现自我，满足许多现实中不可能满足的愿望。但是这种交往方式在物理空间上隔绝和孤立了交流主体，缺乏现实交往所固有的丰富的人情表达和密切的人伦关系，导致人际关系数字化、非伦理化、非人性化，使得人际交往能力下降，导致一些学生一旦离开网络，置身于现实社会中，面对现实中的人际交往时就会出现人际交往的障碍。

（2）就业问题的影响。职业是人生命中的重要组成部分，它决定着一个人的收入、生活水平、社会地位、个人的价值和生活的满足与否。而一个人在事业上的成功与否，关键在于他是否能在所选择的工作中发展自我和实现自我价值，享受他所选定的生活方式。因此，对于大学生而言，就业问题非常重要。近年来，我国大学生的就业分配制度发生了重大的变

27

化，由过去"统包统分"的就业模式向"供需见面、双向选择、自主择业"的模式发展。同时由于国家许多经济政策的调整，大学生的就业形势变得十分严峻。在这种形势之下，许多大学生没有转变自己的择业观念和降低职业期待，对自己的个性、能力、兴趣等缺乏正确的了解，也缺乏求职的经验和面试技巧等，更加大了就业过程中的困难和挫折。

（二）高校学生心理健康教育的课程教学

高校学生心理健康教育课程不同于高校的其他学科课程，大学生心理健康教育课程的教学内容和教学方法要体现学生良好心理素质培养的总目标。因此，探索和创新学生心理健康教育课程建设，是高校心理素质教育的重要任务。

1. 心理健康教育课程的教学理念

课程的教学理念是课程建设的核心，它决定了教学目标、教学内容的建构以及教学方法的选择。心理健康教育课程应当遵循的理念主要包括以下方面：

（1）课程教育的重点是大学生。大学生心理健康教育课程关注的是人，是学生这些活生生的人的心理健康。人是课程设计的出发点，理论和知识都是为人服务的，不能本末倒置。关注人的课程价值理念就是要在课程内容设置上研究大学生的心理发展特点、大学生心理成长发展的需要以及大学生心理发展的困惑，以学生为中心选择课程内容，选取相应的心理学理论；关注人的课程价值理念就是要研究学生喜欢和可以接受的教学方法，使学生真正愿意学、喜欢学，使其学习的内容可以用于自己身上，达到人格的完善和心理的健康发展。

（2）课程关注学生生命的成长。关注学生生命成长的积极取向为整个课程内容的立足点。从人的心理健康的发展来看，心理健康有三种不同层次的标准：①底线标准，即心理健康就是心理的非病状态；②心理健康就是良好的适应状态；③较高要求的标准，即负责任、成熟、积极的状态。目前心理健康标准大多是第二种，即心理健康就是良好的适应状态，而第三种鲜有涉及，这会使学生误认为心理健康教育是针对有心理疾病的人或易产生心理疾病的人，所以一般学生不愿意积极主动地参与，因此没能起到很好的教育效果。引导人们关注和挖掘个体和群体中积极的品质和潜能才是使人更幸福的关键，是心理教育关注的重点。

从人的心理发展来看，人的心理是不断变化发展的，处于成长阶段的大学生更是如此。他们在成长过程中会遇到各种心理困扰，但同时又具有巨大的心理潜能。教师要相信通过心理素质教育课程的教育一定会使大学生发生积极的改变，即使外在改变不明显，其内在生态系统的改变一定会发生。另外，促进学生心理发展还要积极引导学生。教师的教学设计和要求要稍高于大学生现有的心理发展水平，让学生通过努力可以达到目标，体验成长的快乐，激发学生的主观能动性，不断开发大学生的心理潜能。

（3）课程激发大学生主动学习。大学心理健康教学的核心是促进学生了解自己，让学生在原有的基础上变得更加积极主动，投入生活，学会为自己负责，为自己做选择，做决定。只有充分重视和尊重学生的内心世界，才能促使其去发现并接受真正的自我，学会为自己负责，并做出适合自我个性的选择。

心理健康教育课程重在关注生命成长，即让心理健康教育课程的学习成为师生人生中一段重要的生命经历，成为其生命中有意义的构成部分。一方面，关注生命不仅要尊重每一位学生，注重让学生在课堂上积极参与，使他们在体验中感悟，在感悟中收获成长，还要在传授心理调节知识和技能的同时，培养学生健全的心智与健康的人格，充分领悟和体验生命的意义和生活的价值。另一方面，课堂教学是教师职业生涯中的重要组成部分，课堂上学生与学生之间的分享、师生之间的互动，学生的疑问和反思都可能成为教师专业成长、情感升华、体验到生命价值的重要契机。心理健康教育课程让课堂焕发生命的活力，成为学生和教师体验生命价值、感受自我成长、进行生命实践的重要舞台，对教师和学生的生命成长都具有重要的意义。

（4）课程提倡回归现实的生活。心理健康教育课程如果要帮助学生获得更好的心理发展、更好的生命成长，就必须回归生活，在课堂学习时注重理论联系实际，使学生在学习后将所学的理论方法付诸实践，使自己在生活、学习上更适应，拥有幸福感。心理健康素质教育课程若想回归生活，就要以真实的生活环境为中心设计教学内容和教学活动，通过对大学生在生活实际中遇到的适应问题、人际关系困扰、情绪管理、生命困惑、危机事件等给予指导，帮助学生将所学的心理调适之道，应用于生活中，关注生活、体验生活，提升生活品质，成为自己身体健康与心理潜能的开发者。心理健康教育课程回归生活，就要敢于直面学生在心理发展中的热点问题。对于学生提出的热点及敏感话题，不回避，不说教，而是从关爱出发，引导学生讨论，让学生学会为自己、为他人负责，从而正确地做出选择。

2. 心理健康教育课程的教学内容

心理健康教育课程要从大学生实际的心理需要出发，针对他们在成长过程中可能遇到的心理困扰，整合心理学相关理论，设计适合学生身心发展规律的教学内容，提高其心理素质及解决问题、完善自我、感受幸福的能力。为了使课程内容选择更符合教学目标，符合课程教学本身的内在规律，需要了解课程内容选择的有关知识。

心理健康相关课程内容选择原则主要包括：①学生必须具有相关的行为经验；②使学生在实现目标的行为中获得满足感；③使学生具有积极投入的动机；④使学生看到自己以往反应方式的不当之处，激励学生尝试新的行为反应方式；⑤学生在尝试学习新的行为时，应该得到某种指导；⑥学生具有从事上述活动所需要的学习材料；⑦学生有足够的时间学习与实践，直到新的行为反应方式成为他的一部分技能；⑧学生有机会循序渐进地从事大量实践活动，而不只是简单的重复；⑨为每个学生制定超出他原有水平但又能达到的标准；⑩使学生能够判断学习结果，在没有教师的情况下能够自学。

综上所述，心理健康教育课程内容选择原则的核心是从学生实际出发，根据学生的最近发展去设计出让学生有更多体验的课程内容，调动学生的积极性，发挥其潜能，让学生在学习中体验到成就感，并培养其自主学习的能力。

3. 心理健康教育课程的教学方式

教学方法服从于教学目标，是教师为达成教学目标而搭建的教师的教与学生的学之间的桥梁。它不仅涉及教师如何教，也涉及学生如何学和怎样真正学。为使大学生心理健康课程真正帮助学生在学习并掌握心理健康知识的基础上，将其运用于自己的学习生活中，形成良好的心理素质，提高心理发展的机能，就必须改革传统的教师单向向学生灌输理论知识的教学方法，探索新的教学方法，主要包括以下方面：

（1）多元互动式教学。多元互动式教学特点在于互动。在心理健康教育课程上，教师们运用的互动教学方法主要包括以下方面：

第一，课前情感分享。课前情感分享即在讲授正式课程内容前，让同学们分享个人最近的生活感受，主要是积极正向的感受，也可以谈个人的压力感受。在这个过程中，一方面，可为同学们创造情感交流的空间，增进彼此的相互了解；另一方面，也可以使同学们在表达和倾听彼此的感受与看法中，拥有一个发现不同、向他人学习和完善自己的机会。情感分享可使学生由外在的互动转化为内心的互动，从而受到启发，得到成长。

第二，专题短讲。专题短讲让学生将所学到的心理学知识与生活实践结合起来，谈自己的认识、理解和解决方案。专题短讲不仅可以调动学生自主学习的热情，也可以使学生在学习中获得自主解决心理问题的能力。

第三，课堂讨论。教师根据课程内容提出问题让小组讨论，可以就课程中的体验活动引发的感悟和理解展开讨论。在讨论中鼓励学生畅所欲言，各抒己见，让学生在充分讨论中获得对某个理论内容的深入理解，或获得对某个问题的多种解决方式，从而拓展思维的深度和广度，增加更多的适应性。根据各高校上心理健康课的教师人数少、课堂学生人数多的实际情况，小组讨论学习的方式比大班讨论更为适宜。

第四，全班讨论。全班讨论通常是在小组讨论的基础上，让各小组代表或选几个小组代表表达本组讨论的结果。这种方式可利用更大范围的扩展互动扩展学生的思维。有时教师也可以在全班提出问题，直接交由学生讨论。在这种情况下，那些思维活跃的学生会表达自己的意见，带领大家学习。无论哪种形式的讨论，教师都可以适时、适度地参与，表达自己的感受和观点，形成师生互动，对学生进行积极的引导。

第五，热点辩论。热点辩论是教师就当前大学生在心理发展中遇到的一些困惑、持不同观点的热点问题，引导大学生进行辩论。辩论时分正方、反方两组，各组就话题展开辩论。在辩论前，学生们需要查阅相关文献，搜集实例，为辩论做准备。在辩论中，学生们可以旁征博引，对各自观点进行阐述和辨析，这一过程可加深对相关理论的理解，找到处理问题的方法。

第六，操作训练。为了提高大学生自我关爱、自我调解、自我完善、自我发展的能力，配合教学内容为学生设计一些体验式活动，让学生在参与中互动交流。

（2）动态生成式教学。预设是有效教学的基础，因为教学是一个有目标、有计划的活动，教师必须在课前对教学任务有一个清晰、理性的思考与安排。只有事先预设教学内容、教学设计，进行备教材、备教案、备学生，才能更好地在课堂发挥教师的主导作用和学生的主体作用，提高教学效率。因此，心理健康教育课程要将动态生成和预设成功有效地结合起来。教师根据大学生在生活中可能会遇到的问题做好充分的预设和充足的准备，这样才能对整个课堂有更强的掌控力；同时，要适时关注课堂生成的新问题、新内容、新方法，体验师生之间、生生之间思维碰撞、心灵沟通、情感融合的生命活动历程以及随之而来的意外收获。

（3）学生实践式教学。行动学习注重培养学生在行动实践中解决实际问题的能力。大学生心理健康课程是应用性课程，必须注重引导学生参与解决自身心理问题的能力，让学生学会运用心理学理论帮助自己成长，使学生成为学习者和实践者，将理论应用于实际。

引导学生行动实践可以在课堂上或课后进行，让学生反思并提出自己或大学生群体困惑的心理问题，然后小组研讨解决方案，个人再按照这一方案实施，在实践一段时间后，再进行个人和小组的总结反思，最后在全班组织分享报告。这种方式能够使学生在学中用，在用中学，将普遍的理论方法沉淀为心理素质，内化为自身的心理发展能力，如人际交往、情绪管理的能力等。

（4）体验内化式教学。大学生心理素质教育课程不是为了让学生记住多少心理学的理论与方法，而是让他们将这些理论和方法内化为自我的认识，再由认识转化为完善自我的行动。当代建构主义倡导的体验式教学为人们提供了一种体验内化的教学方法。体验式教学强调"体验"，即从个人经验中感悟和理解，它既是学习过程，又是学习的结果。体验式教学指教师通过在教学过程中精心设计活动和情境，让学生通过体验、观察、反思、分享、理解并建构知识，提高能力，并把知识运用到现实中去。每个学生都在以自己原有的知识经验为基础建构自己的理解。

（5）现代网络化教学。随着现代网络科学技术的发展，大学生们使用网络的普遍性提高，网络平台延伸了课堂教学与学生之间的沟通，弥补了大班教学、课时有限等问题的不足。采用网络的方式符合学生的使用习惯，把课程带到网络的同时也是带到学生的实际生活中。由于网络的隐匿性和去束缚性等特点，在班级课堂上表现不出众的学生很可能在网络上很受欢迎，这样的形式对于发现并鼓励这部分学生具有极其重要的意义。学校可以充分利用现有的网络学堂平台，通过微博、邮件等形式提高学生对课程的参与程度。因此，运用现代网络技术进行大学生心理健康课程的教学，既可以使教学方式更为现代，拓宽教育渠道，也可以拓展教育资源，同时这也符合大学生的心理特点，从而能够提高课程的教育效果。利用网络平台进行心理健康课程的方式主要包括以下方面：

第一，拓展教学内容。课堂教学的时间毕竟有限，网络资源库的建设能够提供更多的资源，以满足学生进一步学习的需要。教师应及时更新资料并在学校的网络学堂平台上发布，使之成为一个丰富的教学资料库，供学生浏览下载。

第二，利用网络答疑疏导。为了与学生更紧密地联系，教师可以利用邮件或微信平台进行答疑和疏导，开辟心理健康教育课堂教学的另一个网络途径。为此，教师可以建一个专门的公共邮箱或微信群并在开课之前就公布这个公共邮箱或微信群，以便学生沟通和联系。教师可以通过邮件或微信解答学生的个别问题，用邮件或微信进行答疑或心理辅导，及时帮助一些同学解决具体的问题。

第三，建立能力导向考核体系。大学生心理健康教育课程的目标是培养学生良好的心理素质，培养学生的心理自我调节、自我完善、自我发展的能力，因此，要围绕这一目标，建立以能力考核为核心的课程考核与评价体系。

以能力为核心的考核评价体系是一个多维的综合体系，通常包括的因素为：①出勤情况。课堂出勤表明学生的学习态度，在考核中占一定的比例；②课堂参与互动情况。考核学生参与课堂互动的主动性，以及其发言的质量，观察其是否真正积极、主动地投入学习，而且获得了领悟与成长；③平时课后实践作业，包括文本或视频等，考察学生学以致用的情况；④课程结束时的卷面成绩。通常这样的考试是开放式的，让学生就学习的某一课程内容专题，从理论联系实际谈自己的理解和运用。这样既考察了他们对理论知识的学习和理解，也考察了他们实际运用的情况。这些考察成分的权重侧重于课堂互动和实际应用。

以能力为核心的考核评价体系的作用包括：①培养学生为自己负责的学习观，使其认识到学习是为自己学，是增强自己、完善自我、发展自我的能力，满足自身适应社会所应具备的心理素质和能力，激励学生内在的学习动机；②培养学生学以致用的能力。通过考核，激励和培养学生将所学的心理健康的理论和方法运用于自己生活、学习的实际，让他们动手、动脑，在"做中学"，在参与活动中锻炼自己的能力。例如，在以能力为核心的考核评价体系中，将学生课堂参与讨论、发言情况，课后围绕课程内容完成的文本作业、视频制作等，或者是自我反思作业等纳入考核，使学生注重日常的学习态度和学习习惯，而不是只关注期末的最后一次考试。此外，以能力考核为核心的课程考核与评价体系也为学生建立了训练、展示自己能力的机会，搭建了一个实践平台。

二、体育教学与心理健康教育的渗透

"体育教学以其特殊的活动形式，丰富的教学内容，体力与智力相结合的不同于其他课程的教学特点，决定了体育教育与心理健康教育存在着互相联系，互相促进的关系。"①

（一）体育教学中渗透心理健康教育的必要性

第一，为学生心理健康创造良好的物质基础。通过身体运动转变人们在安静情况下的心理、生理活动方式，使其各个功能系统进入应激状态是体育运动的主要特征。由此一来，不仅能促进机体血液循环，还能让人的各个器官拥有足够的营养物质与氧气。与此同时，良好的神经、功能系统以及健康的机体，均是心理发展的重要生理基础，也是确保心理健康的必要前提。

第二，对情绪进行调整，消除内心障碍。在体育活动过程中，学生所产生的表情、做出的行为等均可以真实反映其心理情况，在实际进行体育活动中，也能够发现学生存在的各种心理障碍。适度地进行体育锻炼，能够在削弱心理障碍的同时，宣泄学生内心的负面情绪，使其心情变得舒畅。

（二）体育教学中渗透心理健康教育的路径

第一，通过激励性手段调动学生的体育学习热情。教师在进行言语激励时，应该意识到三点：①教师所提出的条件必须是在学生付出努力之后能够达到的；②教师应注意在表扬时所使用的言语，不能在表扬后使学生产生骄傲自满的不良情绪；③在表扬学生个体时，绝对不能贬低其他同学，在表扬群体过程中也不要贬低学生个体。

第二，高校体育教师应提高自身的教育意识。高校开展体育工作的核心指导思想是"健康第一"，而对高校学生综合健康水平的主要衡量指标就是心理健康，对学生进行心理健康教育，提升其心理健康水平是开展素质教育的构成要素。作为高校体育教师，肩负着在体育教学中进行心理健康教育的任务，所以必须提高自身的心理素质。在教学实践过程中，体育教师要对心理问题形成正确的认识，维持健康的心理状态，进而促进高校学生的身心健康。

---

① 李凌．试论高校体育教学与心理健康教育［J］．西安体育学院学报，2000（02）：82.

第二章　高校公共体育教学体系构建

第一节　高校公共体育教学的目标

高校公共体育的目标，是高校以公共体育的教学目的和要求等为依据而提出的，在一定时期内需要实现的预期成果。对于高校公共体育工作来说，其出发点和归宿都是高校公共体育的目标。

一、高校公共体育目标的主要结构

体育教学目标与其他的事物一样，也形成了自身的独特结构。具体到高校公共体育目标来说，其结构主要是由以下两部分构成的：

（一）高校公共体育目标的外部特征

高校公共体育目标的外部特征，就是不属于公共体育目标内容以内的，但却规定着公共体育目标内容的特点与标志等。具体而言，高校公共体育目标的外部特征主要有以下四点：

1. 高校公共体育目标的层次

高校公共体育目标是有层次结构的，而且不同的层次结构在功能方面是有一定差异的。此外，高校公共体育目标的层次结构又有横向与纵向之分。

（1）高校公共体育目标的横向层次。体育目标的横向层次，从实质上来说反映了各种具体的体育目标之间的关系。具体到高校公共体育目标而言，从横向角度来说大致可以分为运动参与目标、运动技能目标、身体健康目标、心理健康目标和社会适应目标五个方面。这五个方面的目标是相互独立又有一定联系的，对于总体体育目标的实现发挥着重要的制约作用。

（2）高校公共体育目标的纵向层次。体育目标的纵向层次，从实质上来说反映了体育目标的上下层次关系。具体到高校公共体育目标而言，从纵向角度来说大致可以分为四个层次：①高校公共体育的总体目标，即教育目标。教育目标反映了社会对于合格成员的基本要求，通常会有一定的社会政治倾向性。同时，这一层次的高校公共体育目标经常被写进国家和地方的法规，或其他形式的重要课程文件之中；②高校公共体育总体目标的具体化，即培养目标。通常来说，教育目标一旦确定，各个级别、各个类型的学校都必须予以遵守。但在此基础上，各级各类学校也可以根据自身的性质、任务以及培养对象的特点等制订具体的培养目标。对于高校来说，具体的培养目标便是高等教育目标。高等教育目标是有着高度概括性的目标，也是高校在制订公共体育目标时必须要充分考虑的一个方面；③高校公共体育的课程目标。这一层次的高校公共体育目标是培养目标在体育课程领域的表现，它是结合体育学科本身的特点，教育目标、学校的培养目标、学生的特点以及社会的需求而制订的；④高校公共体育课程目标的具体化，即教学目标。这一层次的高校公共体育目标是对课程目标进行具体化的结果，而且有着很强的可操作性。同时，这一层次的高校公共体育目标多是由高校体育教师依据实际情况制订的，因而更具有针对性和可行性。

2. 高校公共体育目标的功能与特性

高校公共体育目标有着自身独特的功能与特性，而且不同层次的高校公共体育目标在功能与特性方面是有一定差异的。只有明确了高校公共体育目标的功能与特性，才能更为准确地把握高校公共体育的目标。在此基础上，才能保证高校在制订公共体育目标时的科学性和合理性。

3. 高校公共体育目标的着眼点

教学目标都是围绕着需要解决的问题来制订的，"需要解决的问题"便是教学目标的着眼点。只有切实明确了教学目标的着眼点，所制订的教学目标才能更有针对性和可操作性。基于此，高校在制订公共体育目标时，首先要明确需要解决的问题。

4. 高校公共体育目标搭载的文件

在对高校公共体育目标的外部特征进行分析时，其所搭载的文件也是一个不可忽略的重要组成部分。目标搭载文件决定了高校在制订公共体育目标时，必须明确目标要写得概括还是具体、是否可以出现超学段的目标等。

（二）高校公共体育目标的内部要素

在了解了高校公共体育目标的外部特征后，就可以来了解其内部要素了。高校公共体育目标的内部要素主要有以下三个：

第一，条件。条件是决定目标难度的因素，在规定目标难度和学习进度时，可以利用目标中的条件因素来进行变化。以排球垫球来说，目标"自己抛球后将球垫起"和"接垫同伴隔网抛来的球"在难度上是不同的，而使难度不同的是垫球的条件。

第二，标准。在对目标的难度进行改变时，标准也是一个十分重要的因素。以排球垫球来说，目标"垫出的球要达到 2 米的高度，并落到本方场地中"和"垫出的球要达到 3 米的高度，并落到本方场地的前半场"在难度上是不同的，而使难度不同的是垫球的标准。

第三，课题。在对目标的难度进行改变时，课题也是一个十分有效的因素。一般来说，课题是通过改变动作形式（运动课题）来使目标的难度发生改变。比如，体操中的平衡运动的课题。课题 A：手放在什么位置都可以，做十秒钟的单脚站立；课题 B：手在体前相握，抱膝盖，做十秒钟的单脚站立。很明显，这两个课题下的目标在难度上是不同的。

二、高校公共体育教学目标的功能体现

对高校公共体育教学目标的功能进行分析，能够帮助人们更好地了解与掌握体育教学目标，并为体育教学目标的设计提供科学依据。具体而言，体育教学目标的功能主要如下：

第一，定向功能。高校公共体育教学目标是对体育教学目的的反映，在体育教学的开展过程中，体育教学目标发挥着方向性的作用，即体育教学活动是在体育教学目标的指导下开展的。基于此，体育教师在开展体育教学活动时，必须要以体育教学目标为指导。

第二，激励功能。就体育教师来说，当体育教学的目标确定之后，会激励其为实现这一目标而全身心地投入体育教学工作，并在工作中始终保持较高的热情，确保体育教学目标能够实现。就学生来说，当体育教学的目标确定之后，会激发其参与体育教学活动的兴趣和积极性，这对于体育

教学取得良好的效果具有积极的意义。

第三，规范功能。高校公共体育教学相比其他学科教学来说，要更为复杂。再加上新课程标准对体育教学提出的新要求，使得体育教学的难度进一步加大。在此影响下，一些体育教师在开展体育教学活动的过程中，很可能出现无法保证体育教学科学性的现象，继而导致体育教学无法取得理想的效果。要避免这种情况的发生，一个有效的举措便是让体育教师确实明确体育教学目标的规范作用，即要切实依据体育教学目标来选择教学内容、实施教学行为等，以确保体育教学的科学性和有效性。

第四，评价功能。所谓体育教学目标的评价功能，就是以体育教学目标为标准来评价体育教学活动的效果。比如，足球课程教学的目标之一是让学生掌握足球运动的相关知识与技能，那么在评价足球教师是否完成了教学活动时，就需要考虑其所教授的学生是否掌握了相关的足球运动知识与技能。

三、高校公共体育目标的制订

（一）高校公共体育目标制订的重要性

1. 保障高校公共体育教学目的的实现

将高校公共体育教学目标与高校体育教学目的进行分析会发现，两者在方向和性质方面具有一致性。不过，相比高校体育教学目的来说，高校公共体育教学目标要更为具体。此外，在对高校体育教学目的的实现情况进行衡量时，一个重要的标准便是高校公共体育教学目标的实现情况。基于此可以断定，高校公共体育教学目标的合理制订，在一定程度上影响着高校体育教学目的能否得到有效实现。

2. 促进高校公共体育学科教学功能的发挥

高校体育教师在开展公共体育教学时，一项重要的工作便是合理地制订公共体育教学目标。这项工作若不能很好地完成，很可能会导致公共体育教学目标与体育教学的基本功能相偏离，从而导致公共体育教学的主要功能无法得到充分发挥。从这一角度来说，合理地制订高校公共体育的目标，可以促进高校体育学科教学功能的发挥。

3. 促进高校公共体育教学任务的明确与落实

体育教学任务能否顺利实现，在很大程度上会受到体育教学目标的影响。因此，体育教学目标不明确或体育教学目标不恰当，都会导致体育教学任务不明确，继而导致体育教学任务无法顺利完成。从这一角度来说，合理地制订高校公共体育的目标，可以促进高校体育教学任务的明确与落实。

4. 对高校公共体育的教学过程进行有效的规约

高校体育教师在开展体育教学时，必须要以体育教学目标为指导。这里所说的体育教学目标对体育教学的指导，主要表现在三个方面：①体育教学的方向要与体育教学目标保持一致；②体育教学方法的选择要以体育教学目标为依据；③体育教学的过程要受到体育教学目标的规约。基于此，体育教学的最终结果、体育教学结果的分步达成情况，以及体育教学分步结果之间的逻辑关系，都需要靠恰当的体育教学阶段目标来明确。从这一角度来说，体育教学目标对体育教学的大致进程予以了预先规定，开展体育教学的过程便是实现体育教学目标的过程。

5. 指引、激励教师的教与学生的学

对于一个人来说，只有设定了恰当的、明确的目标，才能明确自己的愿望以及接下来努力的方向。而目标一旦与行为相结合，就能促使人产生强烈的动机。虽然说体育教学目标在制订的过程中并非只涉及体育教师和学生这两个主体，但不可否认的是，合理的体育教学目标一定会反映体育教师的教学努力方向以及学生的学习愿望。基于此，体育教师要想明确自己工作的努力方向并切实努力地去工作，学生要想制订合理的学习目标、产生积极的学习动机，必须要以科学合理的体育教学目标为指导。从这一角度来说，制订科学合理的高校公共体育目标能够有效地指引、激励教师的教与学生的学。

6. 形成检验教学成果的标准

高校公共体育教学的成果如何，是需要通过一定的标准进行衡量的。其中，一个重要的标准便是高校公共体育教学是否有效实现了预期的目标。从这一角度来说，合理地制订高校公共体育的目标，可以形成检验高校公共体育教学成果的重要标准。

（二）高校公共体育目标制订的依据

高校公共体育目标的制订情况，会对高校公共体育的实施及其最终的实施成果产生直接性的影响。因此，高校在制订公共体育的目标时，切不可盲目进行，而是必须依据以下方面：

1. 党的教育方针的要求

高校在制订公共体育的目标时，必须要依据党的教育方针的要求。所谓教育方针，简单来说就是国家或政党在一定历史阶段提出的有关教育事业的总的方向和指导原则，是教育基本政策的总概括。

2. 现代社会发展的需要

伴随着社会的不断发展与进步，社会的生产方式以及人们的生活方式也发生了重大改变，即生活节奏不断加快，脑力活动相比体力活动来说也大大增加。在此影响下，人们的心理压力呈现出逐渐增大的趋势，从而严重影响了人们的健康状况。因此，自21世纪以来，世界各个国家都极为重视人类的健康问题。由于学校是对青少年学生进行体育与健康教育的最佳场所，因此学校必须要承担起对学生健康身心进行培养的任务，即要积极为社会培养身心健康的合格人才。因此，高校在制订公共体育的目标时，必须要考虑到现代社会发展的需要。一般来说，高校在对现代社会发展的需要予以考虑时，可具体从以下两方面着手：

（1）社会的经济、政治、科学文化、生产力的发展水平对体育课程提出的要求，在很大程度上影响着高校需要培养的人才的质量规格。只有确定了需要培养的人才的质量规格，高校在开展公共体育课程时，才能制订出更有针对性的公共体育目标。

（2）社会文化传承的需要。文化的传承是一个动态的积累、选择、转化与传递的过程，即在传承文化时，要对传统文化的精髓予以选择性的吸收，并将其转化为能够与时代相符合的有用的东西。只有这样，传统文化才能伴随着时代的发展而不断得到传承。而体育经过数千年的发展历程，也形成了自己的独特文化。因此，对于学校公共体育来说，不仅要注意增强学生的体质、增进学生的健康、提升学生的身体素质，而且要注意对体育文化进行传承。基于此，高校在制订公共体育的目标时，必须考虑到社会文化传承的需要。

第二节　高校公共体育教学的内容

高校公共体育教学内容可以说是以有关身体运动的学习和身体运动的技能形成为主要培养目标的内容；是以运动为媒介，以大肌肉群的活动状态进行教学的内容。简而言之，体育教学内容是运动实践，是通过实际练习完成教学的。正因如此，体育教学不同于其他教学，一方面它在传授体育技能的过程中锻炼了学生的学习和认知能力；另一方面在实际训练中还带动了学生的身体练习，使其生理机能得到加强。学生在参加体育学习的过程中，要通过运动中的肌肉本体感觉的形成与动作的记忆，来判断自己是否真正掌握了教学内容，因此在体育教学内容中，学生的学习是要将思维和行为联系起来的。所以，体育教学内容的学习尤为强调练和做等实践行为，呈现出运动实践性的特征。

一、高校公共体育教学内容的组成

（一）球类运动

球类运动种类丰富，因此，在选择球类运动教学内容时教师要全面考虑不同球类运动的教学顺序、不同球类运动间的联系等，要注重球类运动的实战性和竞技性特征。一般来说，足球、篮球、羽毛球、乒乓球等都是球类教学的主要项目，这些项目也较受学生喜爱。教师在组织球类教学时首先要对球类运动的共性及球类比赛的相关知识有所涉及，在帮助学生对球类运动有一个大致了解后，再集中对 1~2 种球类基本技术和重要技能进行训练，让学生掌握技巧，并能参与球类比赛。由于球类教学中涉及的技术和战术相对于其他体育运动难度更高，且同一球类不同的技术之间是相互联系的，因而教师在选取教学内容时不能只着眼于单一的技能训练，而应该适当举办球类比赛，在比赛中引导学生将单一技能融会使用。在实战中不仅能提高学生的技术，还能最大限度地调动学生的兴趣。

（二）田径运动

高校公共体育教学中的田径运动不仅是对田径技能的教学，它还与学生基本的活动能力,不惧阻碍、敢于竞争的心理需求等有直接联系,因此,体育教师在进行田径教学时要对以上内容进行全面考量。具体来说,体育教师不能只着眼于竞技项目,而应该综合文化、心理、竞技、体能等多种要素,从教学的视角分析要素之间的内在联系,并对教学内容做出取舍。只有这样,筛选、组织的教学内容才是符合学生需求,能引起学生学习兴趣的。通过对田径教学内容的选择、优化,学生才能理解田径运动的作用和意义,初步掌握运动中涉及的跑、跳等基本技能的特征和原理。在掌握田径相关知识的基础上,有意识地将学到的技能运用到日常生活或体育锻炼中,使学生掌握基础的田径技能,真正学有所得,从而对其今后的生活产生持续的、长久的影响。

(三)健美运动

健美运动既是一项表现运动又是一项锻炼身体效果较好的运动。健美运动的教学内容包括民间舞蹈、健美操、体育舞蹈、韵律操、艺术体操等内容。健美运动融合了舞蹈和运动元素,伴随着音乐和节奏,能将人的形体美和运动时的动态美充分展现出来,因而这项运动受到学生的普遍欢迎。健美运动教学中,教学内容的选择既要包括该运动的相关基础知识,引导学生掌握基本的健美运动技能,还要通过舞蹈音乐培养其节奏感,通过舞蹈动作教学改善学生的体态,使其舒展身体,提升身体表现力。健美运动教学内容还与乐理、舞蹈原理、审美等内容相关。因此,教师在筛选教学内容时还要对舞蹈乐理知识有所涉及,并将培养审美意识作为教学目标之一。以往这部分教学内容考虑动作教学的因素多,而教一些基本原则并让学生尝试自编的要求较弱,应予以考虑加强。

二、高校公共体育教学内容的选择

选择体育教学内容主要涉及三方面的考量,即选择的依据、原则和方法,这些是每位体育教师都需要考虑的问题。在课程改革不断推进的背景下,体育作为高校教育的重要组成部分,也需要紧跟新时代的教育需求,积极推动课程改革,精选、优选教学内容。选择科学、合理的体育教学内容是推动体育教学现代化、科学化的重要路径,是体育教学研究开展、体育教师培养、体育教学工作推进的前提。总之,教学内容的选择是体育教学的基础工作,值得每一位体育教师重视。

（一）高校公共体育教学内容选择的依据

体育教学内容选择的依据应是"学生的体育全面发展"。而在当前的历史条件下，"学生的体育全面发展"应该是以"学生终生体育锻炼的实现"为核心内容的，而"学生终生体育锻炼的实现"则主要依托于：①通过学习，学生能熟练掌握并运用 1～2 种运动技能，大概了解并掌握 4～5 种运动技能；②学生能学到一定的体育相关知识，满足其今后体育锻炼和体育欣赏的基本需求；③让学生的身体机能得到增强，满足学生身体发展的需要；④让学生在学习中体会到体育运动的作用和趣味，帮助其养成终身锻炼的意识。总之，筛选内容时，必须以学生为主体，看它是否有利于学生的"学懂""学会""学健""学乐"。这不仅是体育教学效果评价的四个视角，还是选择体育教学内容的四大依据。

（二）高校公共体育教学内容选择的原则

教师在筛选教学内容时还要遵循一些基本要求，即筛选的原则。具体来说，选择时要遵循五大原则：①教学性原则。所谓教学性原则就是选择的内容应当具备学习价值，这就要求所选内容是健康的、积极向上的，对学生的身体素质提升和精神品质培养都有一定作用；②健身性原则。健身性原则要求教学内容能充分调动身体的大肌肉群，能给学生带来全面的身体锻炼，且锻炼的难度和强度要适宜其身体发展需求；③趣味性原则。趣味性原则顾名思义，选择的教学内容要富有趣味性，能吸引学生，让学生在学习中体会到该内容的乐趣所在；④文化性原则。文化性原则强调所选择的内容要具有一定的文化性，最好选择能反映当地民族特色或区域特色的体育项目。⑤可行性原则。可行性原则就是选择的教学内容应和高校的体育教学设施、教学场地、师资力量等相符合，是切实可行的教学内容。

三、高校公共体育教学内容的改革

高校公共体育教学内容改革要以增加健康体育教学的内容和以学生身心发展的特点及知识和能力的水平为主要依据来对教学内容进行有针对性的安排，使内容分布能够兼顾娱乐性和实用性，能够引起学生兴趣，唤醒学生学习主动性、积极性。教师需要注意，教学内容必须是健康、积极的，因此，在组织内容时要充分挖掘其中蕴含的健康教学因素，为学生创造一个健康的体育教学环境。此外，健康的内容还是增强学生体质的必备条件，教师可以在组织教学内容时删去那些陈旧的、乏味的、要求过高的、难度过大的项目。健康的教学内容不仅能为学生塑造健康的心理，还能让学生在参与体育锻炼的过程中增强体质，最终实现身心全面、健康发展。

体育教学内容对高校体育教学的总目标产生着不可替代的影响，现行的教学内容体系还存在着一些不足。因此，想要推进新时期体育教学的有效实施，就必须及时对教学内容进行改革。具体来说，可以从以下方面进行改革探索：

（一）加强硬件设施建设及管理

体育是一项室外教学课程，教学设施和教学器材是教学活动得以开展的基础，设施也会对体育教学内容的选择有所影响。"体育教学设施包括众所周知的体育馆、田径场、球类场地、游泳池、教师办公室、教室、图书资料室、体育器材等。"[①] 因此，想要推进体育教学内容改革，就要加强体育教学设施建设，为学生可学习的体育项目提供多元化选择。例如，高校要建设、管理体育运动场馆，如篮球场、游泳馆等，提高场地的利用率；还可以补充新的体育器材和体育锻炼设备，并及时关注设备损耗情况，做出调整、补充。

（二）建立体育课程理论的体系构建

体育课程理论体系也是现代体育教学的重要改革路径，一般来说，高校体育教学的理论内容可分为体育社会人文类、体育锻炼和养生保健类、体育科学原理和运动人体科学类，高校可以基于以上分类，按照各年级学生身体发展需求来安排体育项目和体育课时。通过高校对体育内容的分类和课时安排，能让学生掌握体育运动基本知识，并对体育运动损伤处理方式有所了解，能有意识地建立个人运动计划，提升身体素质。

（三）实现体育教学目标

高校体育教学目标的实现是体育教学改革的出发点，也是教学的努力方向。高校体育教学目标以"健康第一"为指导思想，旨在全面满足学生健身、竞赛、娱乐等不同需求，促进学生的个性化发展。为适应新时期体育教学内容改革需要，体育教学目标要能突出体育教学内容的基础性、全

面性。

（四）体现现代高校的时代特征

现代体育强调民族性、娱乐性、健身性、人文性和多元性等，时代同样赋予了高校体育教学以上特征，推动体育教学的内容朝着现代化方向发展，力求打造出更全面、更实用、更灵活的体育课程，体育教学在现代教育体系中的地位也在不断提升。综上，体育教学内容选择应当体现时代特征，符合体育学科的发展需求，构建出具有时代特征的内容体系，让体育教学在促进学生全面发展过程中发挥其应有作用。

（五）注意体育教材内容的选择

教材是教学活动开展的依据，教学内容直接通过教材呈现出来。在编撰体育教学的教材时，要注意教材内容的选择。①要选取最主要、最关键的内容，内容在精不在多，要能突出体育教学的特点，锻炼学生的身体机能；②要选择趣味性强的，能引起学生兴趣的内容，删除与时代需求不符的、难度过大的体育项目；③内容选择要符合时代发展需求，做到与时俱进，兼顾现代社会对体育提出的"健康、娱乐、实用"的要求；④内容还要具有区域特色，突出个性部分，对一些少数民族较多的地区或省份，在编撰教材时，可以适当选入当地的少数民族体育文化和传统体育项目，让体育项目的民族性得到发展；⑤内容选择应该坚持多元化原则，要综合高校、教师、学生等多个主体的条件和需求，给体育教学更多选择余地，有条件的高校可以选择武术、瑜伽、游泳、健美操等内容，突出本校体育教学的特色。

（六）把时尚体育引进校园

新时期的体育项目越发丰富，如跆拳道、街舞、滑冰等相继出现在人们的视野中，并受到青少年群体的广泛喜爱。这些新项目具有新颖、时尚的特点，也吸引着学生们，激发着学生的学习兴趣。因此，高校可以考虑将这些内容加入体育教学之中，结合学生的需求和高校体育设施、教学师资，有选择性地吸收新项目，为体育课堂引进新动力。这些新项目能激发学生主动学习的意愿，并积极参与项目学习，能有效提升体育教学的有效性，推动体育教学项目的更新、优化。

第三节　高校公共体育教学的模式

一、高校公共体育教学中的慕课模式

慕课是计算机网络技术迅速发展的产物，它具有大规模性、在线性、开放性、高效性等特点。正是因为如此，慕课在教育教学领域得到了广泛应用。"慕课是促进教育公平的一种手段，它使学校、公司和各类组织将自身的教育资源进行共享，让名校名师的优秀课程不再局限于单个教室，而是面向数目庞大的互联网用户，使得任何一个学校的学生都能够受到和名校生同等水平的教育。"[①] 近年来，随着教育改革的不断发展，高校体育教学信息化改革也在如火如荼地进行着。高校体育慕课教学是高校体育教学信息化改革的重点，也是高校体育教学信息化改革的重要方向。与传统体育教学模式相比，高校体育慕课教学克服了模式单一的弊端，确立了学生的主体性地位。同时，不受时间和空间的限制，有利于学生根据自己的学习情况随时随地进行学习，更有利于提高学生的综合能力。慕课和体育教学的结合，是体育教学信息化改革的必然要求和发展趋势。

（一）基于慕课的高校公共体育教学模式

1. cMOOC 课程模式

cMOOC 课程模式是一种常见的高校公共体育慕课教学模式。它主要以连通主义学习理论为基础。该理论认为，知识与连接有关，确切地说是通过网络化进行连接的，而学习的过程就是连接节点与信息源的过程。

cMOOC 涉及的内容有很多，连通主义、协同建构、知识建构等都属于 cMOOC 的范畴。cMOOC 作为慕课教学模式的重要组成部分，根据连通主义学习理论，以某一个共同的学习内容，将世界各个地区的学习者联系起来，不仅实现了资源的全球共享，还促进了学习者之间的交流与协作，有利于学习者根据自己的学习情况构建符合自己情况的学习网络，从而促

---

① 　王寅昊．慕课在高校体育教学中的应用研究［J］．教育教学论坛，2020（06）：256.

进自身全面发展。

（1）cMOOC 课程模式的特征。cMOOC 课程模式有着自己独有的特征，具体包括：① cMOOC 课程模式与传统的教学模式不同。在传统的教学模式中，教师是权威者、主导者；而在 cMOOC 课程模式中，教师是组织者、协调者、指导者。教师上传到平台上的知识能够为知识的探究奠定基础。同时，教师所扮演的组织者角色，可以为学生的学习设置主题，引导学生对学习资源进行选择，鼓励学生与专家进行互动，从而在互动与协作中实现知识的分享；②学习者角色由被动接受者转变为主动学习者，成为教学的主体。同时，cMOOC 有利于学生自主学习，有利于学生与教师交流与互动，更有利于学生根据自己的学习情况自主构建学习网络；③有利于拓展学生学习的范围。学生可以借助多种信息化平台，与教师和同伴进行交流和互动，从而分享自己的观点和经验，实现资源的多维度共享。

（2）cMOOC 课程模式中的基本学习活动包括：①学习者对课程内容进行一定的浏览，并对课程进行注册；②学习者从网站上获取学习所用的材料，这些材料有着不同的种类；③学习者积极参与各种学习活动，积极参与问题的讨论，勇于发表自己的看法；④学习者结合自己已有知识，将个人的学习资源制作成音频、视频的形式，并将制作的学习资源通过网络平台分享；⑤学习者意识到网络化工具在学习中的重要性，并充分利用这些网络化工具进行学习，从而对学习网络进行建构。

2. xMOOC 课程模式

（1）xMOOC 课程模式的教学原理包括两个方面：①对检索性学习与测验的分析。检索性学习与检索性测验对提高学生在线学习的注意力具有十分积极的作用。基于此，教师在对 xMOOC 课程模式设计时应该将互动性练习融到视频与测试中，从而及时对学生的学习情况进行检测；②对精熟学习的分析。精熟学习的分析通常从提出背景、建立基础、组成成分三个方面入手，只有这样，才能实现分析的准确性、科学性。

（2）xMOOC 课程模式中的基本学习活动包括五项：①学习者提前了解课程以及课程安排。在 xMOOC 课程模式开始之前，学习者就应该提前了解课程的相关知识，并知晓课程的具体安排，从而进行注册学习；②教师应定期发布课件以及视频。xMOOC 课程模式实施之后，教师应该结合教学目标、学习任务等定期发布一些教学课件，以及教学的短视频，以便于学习者学习；③课后作业应有截止日期。xMOOC 课程之后，教师应该布置相应的作业，并规定作业上交的日期，这样有利于督促学习者在规定的时间内完成作业任务；④适当安排考试。在实施 xMOOC 课程模式中，教师应该适当安排一些考试，并鼓励学生积极参与考试。⑤开设讨论组以便交流。xMOOC 课程模式，注重讨论组的开设。在讨论组中，学生可以根据自己的疑问进行线上讨论和交流。如果条件允许，xMOOC 课程模式还可将线下交流融入其中，从而将线上交流与线下面对面交流相结合。

（二）基于慕课的高校公共体育教学策略

1. 革新教学方法与手段

由于 MOOC 是开放性很强的一种教学方式，因此 MOOC 教学也有着比较多的选择性。MOOC 平台在网络上不受国界的限制，因此，它可以很好地将课程共享给世界各地的人，并且世界各地的人也可以将 MOOC 视频上传到 MOOC 平台，也使得 MOOC 平台上的课程资源越来越多。教师可以从 MOOC 平台上找到一个知识点的很多个 MOOC 视频，他们可以选择适合自己的 MOOC 资源，分享给自己的学生。

教学方对教学效果的影响非常大，因此，为了保证较好的教学效果，体育教师可以适当调整教学方法。教学方法使用恰当，可以充分调动起学生的学习兴趣，并且教学内容也更容易打动学生，从而使教学知识更快速地内化于学生的心中。MOOC 的教学模式就是很好的一种教学方式，高校体育教学可以充分借鉴这种教学模式，从而使体育教学收获更好的效果。

2. 丰富慕课课程教学资源

（1）MOOC 教学质量影响课堂教学效果。虽然我国对 MOOC 的质量没有制定严格的标准，但是 MOOC 的质量对教育质量有直接的影响，这就要求各个高校必须制作出非常优质的 MOOC 视频，从而提升体育教学的质量。因此，政府、高校、企业等需要制定出一套 MOOC 的质量标准，提升 MOOC 质量。教师是 MOOC 资源开发与利用的重要参与者，能将 MOOC 教学的作用发挥到极致。因此，高校在进行 MOOC 资源开发时不仅要积极引入高质量资源，更要重视教师在资源开发中的作用，鼓励教师与时俱进，把 MOOC 教学模式引入体育课堂，以提高教学效率。

在具体的课堂实施中，教师可以将 MOOC 与体育灵活结合起来，这样 MOOC 就以一个新的、学生更能接受的形式参与到体育课堂中来，学生的学习积极性也能获得有效地激发。MOOC 内容的载体形式是视频，这就要求体育教师在具备扎实的专业知识之外，还需要具备一定的信息技术能力，能够制作短视频。MOOC 视频要建立一套完整的制作、审核、评价机制，从而制作出优质的视频。

（2）MOOC 教学可以满足个性化教学需求。在制作 MOOC 视频时，教师要充分考虑到学生的需求，打造出可以满足不同学习需求的多层次 MOOC 课程。一些一流高校的学生具有较高的认知能力，他们适合使用一些难度较高的 MOOC 视频，而对于认知能力不那么强的普通学生来说，需要使用一些难度较低的 MOOC 视频。为了建设更高水平的 MOOC 课程，高校可以引进国外的优质 MOOC 资源，结合高校的教学实际情况，形成具有自己特色的 MOOC 教学资源。

3. 开发体育精品资源

（1）学校、教师、学生等要多方宣传与推广运用体育类国家精品开放课程。由于我国体育类的精品课程较少，学习的人数也较少，体育类精品视频课程播放量较少。为了使更多教师和学生获得精品课程的好处，学校、教师和学生应该尽可能地通过多种手段宣传精品课程，从而发挥精品课程的最大价值。

（2）完善体育类国家精品资源共享课中体育专业课程的建设。体育类国家精品课程仍然存在一些不足，只有少数的体育课程建设精品课程，而一些体育与其他学科结合的课程还没有建设完善。各个高校还要对武术与传统体育结合的课程加强建设，申报一些精品课程建设项目，从而不断完善体育专业课中的精品课程资源。

（3）改善体育类国家精品开放课的视频内容，加强课程视频的后期制作。体育类国家精品课程是十分优质的课程，但也存在一些有待完善的地方，例如，可以将视频内容的知识点进行展示，并且加入不同动作的示范画面。在视频的后期制作上，还有一些有待完善的地方。在视频上还可以将重点内容进行着重提示，使学习者在遇到重点时可以集中注意力学习。

（4）开发体育类国家精品开放课程平台的多元化功能。体育类国家精品课程的平台还有一些调整的地方，在平台上可以增加一些答疑解惑的版面以及师生交流的模块。这可以使学生在遇到不懂的问题时及时向教师咨询，并且学生之间也可以就视频观看的理解互相探讨。精品课程平台的开发者还需要设置一个建议模块，让使用这个平台的人有好的建议提交上去，从而帮助平台不断完善，功能变得更加多元。

二、高校公共体育教学中的微课模式

"微课作为新起的一种教育模式，正在慢慢改变人们的传统教学模式，人们的学习方式也在悄然改变。"[①]目前，高校体育教学方式在科学技术迅猛发展的引领下发生着翻天覆地的变化。作为新生事物，微课正在成为一种新型的教学资源或教学模式，它给高校的教学方式带来更多的变化，也为高校体育教学提供了一种更高效的学习手段。

（一）高校公共体育教学中微课的设计

1. 高校公共体育教学中微课模式的优势

（1）有助于明确体育教学内容。微课可以将网络中的教学资源浓缩进来，选取一些非常优质的教学内容呈现给学生，这可以极大地增强学生学习的针对性。教师在准备教材时，可通过搜索引擎输入关键词，访问相应的网站，轻松地查找到所需的资料。经过下载、复制、重新编排，形成富有个性的微课视频。体育教师可以针对学生的体育学习情况来制作有针对性的微课教学视频，从而使体育教学主题明确，内容合理。这也是体育因材施教的良好办法。教师可以根据具体的教学目标设计教学内容，体育主要是为了增强学生的体质，教师可以根据学生的体质情况合理地选择教学内容，从而更好地实现体育教学目标。另外，微课教学视频融合图片、文字、视频等不同的素材，教学内容变得立体丰富起来，可以更好地吸引学生的注意力，激发学生学习体育的兴趣，也可以使学生以多种感官来体验体育的乐趣。

（2）提高学生积极性和自觉性。高校学生正处于求知心理旺盛的阶段，很多大学生非常乐于尝试新的事物。微课与传统课程区别很大，是一种新的教学方式，对于大学生来说具有很大的吸引力。微课可以将大学生的注意力快速地集中起来，使大学生能够在微课平台中保持积极的学习态度。在微课体育教学中，学生的中心地位得到了凸显，学生在课堂上不再是消极的、被动的，而是积极的、主动的，教师只是适当地发挥指导作用，引导学生整理知识信息，完善知识系统。

微课可以帮助学生自主选择学习资源，因此有利于学生自主学习能力

---

① 薛飞娟. 浅析微课在高校体育教学中的应用和意义 [J]. 当代体育科技，2014，4（35）：59.

的提升，同时，学生这一能力的提升也可以使其更加自觉地学习，也能完成知识的内化。在微课教育平台上，学生一方面通过课前预习完成对自己学习的自我测评，从而在课堂上更有针对性地学习；另一方面学生还可以与同学互相讨论，充分发挥学习的自觉性，从而主动掌握自己的学习进度与学习状态。

微课还可以建立互动交流平台，使学生在学习的过程中能随时沟通和交流，也能让学习者根据自己的情况获取相应的学习资源，从而提高学习的自觉性，提升学习能力；教师和学生可以利用互联网，保持学生与教师之间沟通的频率，确保学习者遇到问题时，教师可以迅速地给予指导。因此，微课在高校体育教学中的应用能够改善体育教学的效果，使体育教学进入良性的循环，这对体育教学改革来说具有更大的价值。

2. 高校公共体育教学中微课设计的要点

（1）高校公共体育教学中微课设计的目标。体育教学目标需要做出一定的标示，只有在一定的目标指导下，学生才能有较大的学习动机。高校应该设计出一些适合学生达到的微课学习目标，否则就不是科学的微课设计。

第一，体育教学微课设计需要围绕教学来开展。微课上的资源是非常多的，教师就可以根据需要利用这些资源，对于学生来说，也可以利用平台上的资源开展多元化的学习。在课程设计之初，教师就需要在微课平台上发布课程的要点以及各种课程资源等，全面涉及体育方面的知识，学生可以在微课中找到所需的所有内容。教师还需要将学生感兴趣的内容放入微课中，从而激发学生的学习兴趣，提高体育微课教学的效果。

第二，高校微课的设计一定要紧紧围绕学科的定位来进行。对于高校的体育教学现状来说，只有紧紧围绕教学目标，才能够设计出符合学生发展规律的教学内容。

第三，体育微课的设计要求教师对搜集来的信息进行快速提取、加工与利用。教师获得的教学资源必须是符合市场发展规律的，并且切中教学的实际情况，从而为其提供可靠的资源环境。因为只有以大量的可探索资源为基础，学生的信息获取才能实现，后续的信息加工与利用也才能完成。微课的知识点并不是都可以进行拆分和重组的，只有在保证其系统性的基础上，才能使体育微课视频具有可使用的价值。

第四，创新是发展的动力。体育微课也应该做到不断创新，只有在创新的基础上，学生才能够获得更多好的学习资源。创新体育微课是十分有必要的，并且还要与终身体育结合起来，只有如此，才能够真正发挥体育教学的作用。

（2）高校公共体育教学中微课设计的核心。体育课主要是实践为主，一般是在室外开展的，其微课设计一定要充分考虑体育课的实践特点。教师应该根据体育实践教学的内容，用3~5分钟时间介绍相关的理论知识，便于学生更深刻地理解体育动作。教师选择合适的微课教学视频通过筛选和截取，把关键信息展示给学生。教师根据体育实践教学的目标，布置学习任务，并规定完成学习任务的时间。教师在体育实践课堂上，将微课视频中的动作现场展示给学生，使学生通过亲身的模仿来观察具体的动作，从而将动作练习到位。但是，体育教师并不是所有的动作都会，因此就需要微课的帮助，体育教师可以将体育微课与实践课程结合，将动作展示给学生，这样学生在短时间内可以学到更感兴趣的动作，从而提高体育微课实践教学的效果。在体育微课设计中，一定要将学习资源、教学方法、评价手段与学生的实际水平结合起来，从而在实践教学中可以发挥微课的最大作用。

（3）高校公共体育教学中微课设计的原则。

第一，适时分解原则。微课具有可以随时随地学习的特点，因而它使用起来十分便捷。这也使得微课的容量都比较小，微课内容比较少，因而使用的时间也比较短。但是，微课的容量小并不代表它不能将教学内容讲解清楚，微课之所以小，是因为它将大的知识点分成一个个小的知识点，所以才形成微课内容量小的特征。因此，体育教师在设计体育微课时，应该根据教学目标、教学内容和学习条件等来对微课的内容进行适时分解。

第二，聚焦性原则。微课胜在其"微"，所以它的时长比较短。在设计体育微课的过程中，突出重点、简化内容是一大前提，如果教学视频冗长复杂，就不能称之为微课。每个微课的设计与制作都应该是为了解决一个知识点，可以是教学重难点，也可以是易错点、混淆点，这可以使微课聚焦在一个比较关键的知识点上。这个知识点就是微课的主题，微课所有的教学手段和内容都是为这个知识点而服务，从而达到重点突出的效果。因此，聚焦性原则是体育微课设计的一个重要原则。

（二）高校公共体育教学中微课的应用

1. 精读文本，整合内容

对于高校公共体育教学而言，内容复杂性是其重要特征，体育教师要想达成教学目标，要意识到并非所有的教学内容都能借助微课呈现出来，如果生硬地开展微课教学，可能会对教学效果造成负面影响。基于此，体育教师要注重教材的作用，在精心解读教学文本的前提下，将教学内容加以科学整合，增强不同教学内容之间的联系。

在高校公共体育教学中，足球基本技术教学必不可少。为了促使微课模式更好地应用其中，体育教师可以按照划分具体项目的方式将足球基本技术的教学内容整合为：基本特点、基本技术、基本战术、基本规则。这四个项目又可以根据教学的难度分为三个层次：①基础层面，即运球、踢球、脚内侧接球、掷界外球、守门员接球等；②提高层面，即大腿接球和胸部接球、头顶球、守门员发球等；③拓展应用层面，即组织不同主题的足球对抗赛。

将教学内容按照上述方式进行科学整合无疑能够为足球基本技术微课教学的开展厘清思路，从而保证微课教学方向的正确以及微课教学效果的取得。

2. 把握要点，提高质量

（1）凸显课程属性。大多数体育教师认为体育是一门实践性极强的课程，他们在进行理论授课时往往借鉴其他课程的模式，而很少关注课堂教学的创新。微课模式在体育教学中的推广无疑让广大体育教师觉得无从下手，尤其是在制作微课时，几乎体现不出体育课程的特质，也无法激发学生的学习热情。与一般课程不同，体育课程存在的意义是促进学生的身体健康、使学生形成健全的人格、让学生树立终身体育的意识等，因此，教师在制作微课时，必须要将体育课程的这些属性渗透进去，从而实现体育教学的价值。

（2）简短有趣。学生在经过枯燥的文化课程学习之后，大多希望通过体育课愉悦身心，因此，微课一定要做到简短，时长最好不超过十分钟，以免给学生造成另外的压力。除此之外，兴趣是最好的老师，只有在兴趣的带领下，学生体育学习的动力才能被激发出来，所以微课的制作一定要遵循趣味性的原则，从而促使学生主动观看教学视频，主动开展体育学习。

（3）创新性。大学生是最乐于接触新鲜事物的群体之一，在这种情况下，体育教师的微课制作需要实现内容与形式的双重创新。在内容方面，切忌一个微课使用几年，而是不断根据时代的变化与发展加以更新；在形式方面，力求通过不同的方式将教学重点呈现出来，如故事阐述、动画分解等。

（4）系统性。体育课程的教学看似简单，实则内容繁杂，体育教师要通过微课帮助学生建立起系统化的知识网络，让学生明确教学主线，并能够由此拓展出相关的知识点。

（5）实用性。体育课程的教学重点是各种体育技能，因此，体育教师在制作微课时应当突出实用性，帮助学生较为轻松地掌握各种技能的核心。

3. 团队合作，优化制作

体育课程教学内容的复杂性决定了其微课制作的难度，为了充分发挥微课的教学效果，广大体育教师应当群策群力，明确各自的分工：一方面灵活、有效地使用手机、摄像机等录制设备；另一方面对每个知识点进行深入剖析与讲解，齐心协力制作出符合学生接受水平的微课。

4. 整合资源，优化平台

在信息技术飞速发展的今天，微课应用于体育教学之中已经成为大势所趋，其作用的发挥则主要体现在学生的自主学习之中，因此，信息资源的整合与相关网络平台的建设十分重要。体育教师可以构建以班级为单位的微信群、QQ群等，方便学生就学习问题展开交流；也可以充分利用高校的信息化建设成果，完善网络教学平台的建设。另外，还可以将各种成熟的信息技术应用于体育教学改革之中，从而为学生自主学习奠定基础。

三、高校公共体育教学中的翻转课堂模式

"高校体育教学翻转课堂模式能够激发学生的学习兴趣和动机，培养学生自主、合作、探究的学习能力；拓展学生学习的时间和空间，形成师生协作融合的学习环境；弥补体育教学中课堂练习时间不足、示范动作难以细化分解等问题；强化理论知识和技能的融合与内化，有效提高体育教

学质量和效果。"[1]

（一）重视学生的自主学习能力

自主学习强调的是学生独立学习和独立思考的能力。它有利于提高学生学习的主动性，有利于学生持续探索知识，更有利于学生的持续发展和终身学习。翻转课堂作为信息技术迅速发展的产物，它对学生的自主学习能力提出了更高的要求。学生自主学习的能力在翻转课堂教学模式中起着不可替代的作用。

自主学习能力的培养应该注意四个方面：①注重学习动机，抓住影响动机的因素，并对其进行干预，从而不断激活学生的学习动机；②注重学生元认知发展，采用多种手段发展学生的元认知，并促进学生在这一方面的发展；③重视学习策略的讲授，提高学生的认知能力，鼓励学生采用不同的认知策略；④注重学生环境利用能力及其培养，良好的学习环境有利于学生的学习和能力的提高，教师应该注重学生这一方面能力的培养。

在体育课程教学中，教师首先应该意识到动机在学习中的重要性，并通过积极干预策略激活学生的内在动机，从而调动学生学习体育的积极性和主动性；其次，教师应该注重学生学习的策略，并采用不同的方式对其学习的策略进行指导；最后，教师要注重学习方法和技巧的传授，同时鼓励学生对自己进行科学、合理的评价。

具体到翻转课堂的实施中，教师应该培养学生学习体育的主动性，并采取多种方式来调动学生的积极性。举例来说，教师可以统计将学生课前观看视频的时间和次数，并将统计的结果融入期末成绩考核中；在课堂上通过提问、作业检查等方式来考查学生课前观看视频的情况，并将这一考查结果融入日常的学习评价中；对没有按时完成课前观看视频任务的学生，教师也需要采取一定的措施，并对这类学生学习的进度进行及时监督。

总之，利用多种方式来促进学生主动学习，是翻转课堂教学模式实施的关键。

① 刘海军. 高校体育教学"翻转课堂"模式构建研究 [J]. 吉林体育学院学报，2015，31（03）：72.

（二）提高教师信息化能力与素养

教师是教育教学改革的重要保障，无论是体育教学改革还是其他形式的教育教学改革，都离不开教师的积极参与。翻转课堂作为一种新的教学模式，在实施过程中也离不开教师的参与。在翻转课堂教学中，教师扮演着不可替代的角色。例如，课前教学视频的制作、在线体育教育平台的构建、课堂教学氛围的营造及教学组织和管理、课后教学评价，以及对学生具体学习情况的评价等都需要体育教师的积极参与。

在翻转课堂影响下，这些教学内容也对体育教师提出了更高的要求。例如，教师的计算机操作能力、信息化教学能力、信息资源整合能力、教学组织能力、教学互动能力、教学评价能力等。因此，要想在体育教学中有效实施翻转课堂教学模式，首先应该意识到体育教师在体育教学中扮演的重要角色，其次应从多个方面提高教师的综合能力。

由于体育翻转课堂教学模式，涉及的内容、范围更为广泛，涉及的工作也更为复杂，再加上每个教师的时间、精力等都是有限的。所以，除了提高体育教师的综合能力以外，还应该注重翻转课堂团队建设。随着教育教学改革的不断推进，教育教学也逐渐从精品课程建设向教学团队建设方面转移。基于翻转课堂的教学团队建设，是翻转课堂在体育教学中实施的重要保障。它有利于缓解体育教师的压力，有利于培养体育教师的合作精神。同时，还有利于体育教师在教学团队中不断学习、不断吸收他人的经验、不断弥补自己的不足，从而能够在很大程度上提高体育教学的质量，促进体育教学目标的实现。

（三）完善高校公共体育信息化教学环境

随着网络技术、多媒体技术等信息技术的不断发展，教育信息化已成为教育改革的必然趋势。同时，教育信息化改革在很大程度上促进了教育教学的现代化发展。因此，高等院校在教育教学现代化建设中，十分注重教育信息化的融入。如何充分利用信息技术，如何将教育信息化与教育教学现代化有效融合，是当今教育教学改革的重要内容，也是教育改革中教育者研究的重要方向。而翻转课堂是信息技术发展的产物，它充分利用信息技术与教育技术，实现多种资源的共享。

翻转课堂作为一种新的教学模式，注重多媒体技术、信息网络技术的利用，注重在线教育、教育技术的融入，这是翻转课堂与传统教学模式的主要区别。由此可见，翻转课堂教学模式的有效实施离不开信息化教学环境的支持。要想有效实施翻转课堂教学模式，就应该不断完善信息化教学环境。尤其是在当今信息化时代，以翻转课堂教学模式为典型代表的信息化教学日益受到重视。作为影响信息化教学的重要因素，信息化教学环境也日益受到重视。只有不断完善信息化教学环境，才能在一定程度上保证信息化教学模式的顺利实施。

第四节 高校公共体育教学的方法

一、高校公共体育课程教学方法的本质

所谓体育教学方法就是指为了实现体育课程教学目标由师生共同完成的一切教学活动和教学方式的总和。它是由一系列行为组成的一个操作系统，具体包含了教师和学生两个层面的操作体系。可以从以下方面来对高校体育教学方法进行理解：

第一，高校公共体育教学方法是师生动作和行为的总和。高校公共体育教学方法的贯彻与实施需要师生之间的互动，互动又是通过语言、动作和行为来实现的，因此可以说体育教学是师生的语言、动作和行为的综合体。具体而言学生要掌握体育运动的理论知识或者是某种运动技能，都必须要经过体育教师的讲解、示范、纠正等动作的支持；在此基础之上，学生进行反复练习也是一种行为上的体现。

第二，高校公共体育教学方法和教学目标不可分割。所有的高校公共体育教学方法的应用都是带有一定的目标性的，没有目标作为指导一切方法都将失去存在的意义。同样地，高校公共体育教学目标和任务必须要通过教学方法作为中间媒介才能够得以实现。

第三，高校公共体育教学方法是"教"与"学"的统一。好的体育教学方法是教与学的统一体，也就是说教师和学生之间只有通过相互的有效互动，形成一种沟通的桥梁，才能真正发挥出体育教学方法的作用和价值。我们可以从两个层面来理解体育教学内容和相关的体育教学活动：一是教师的"教"，二是学生的"学"。教师作为教授知识的主体，其选用的教学方法和手段都是以学生为对象的，学生对于知识和技能的掌握及其理解

能力的提升是教学活动开展的重要保证；对于学生而言，他们需要紧跟教师的引导的步伐，积极参与学习和互动的实践，与教师建立紧密的沟通和联系，以获得更大的进步。因此，只有将教与学切实贯穿于教学的整个过程，积极促进教师与学生之间的互动与交流，才能够真正实现体育教学任务和目标。

第四，高校公共体育教学方法的功能具有多样性。现代教育理念赋予了体育教学多样化和丰富化的功能。现代体育教学既关注学生运动技能的掌握、身体素质的提升，同时也更加强调学生素质的全面提升。

二、高校公共体育课程教学方法的层次

第一，高校公共体育教学策略。在高校公共体育教学方法的各个层次中，教学策略处于"上位"。教学策略实际是教学方法的组合，是教师将多种手法和手段组合在一起进行教学的行为方式。高校公共体育教学策略的优劣主要体现在课程的设计思路和方案。例如，作为一种广义的教学方法，发现式教学法就主要是模型演示法、提问法、讨论法、归纳法等传统意义上的教学手段的有机组合。

第二，高校公共体育教学方法。在高校公共体育教学方法的层次系统中，教学方法处于"中位"，它与传统意义上的教学方法基本相同。是体育教师为达到一定的教学目标运用教学手法进行体育教学的行为与动作的总和，是通过一种主要手法的运用来进行教学的行为方式。例如提问法，具体方法就是检验学生对知识的掌握状况，还可以激励学生积极参与课堂互动和思考问题。高校公共体育教学方法其实也是一门"技术"，由于不同教师的教学风格的不同而呈现出不同的特征。

第三，高校公共体育教学手段。在高校公共体育教学方法层次中，处于教学手段"下位"的地位。它是传统意义上的教学方法的一个部分，我们也可以将体育教学手段理解为一种"教学工具"，也就是说在某一个具体的教学步骤中可能会采用各种教学手段来协助教学课程的顺利完成。

三、高校公共体育课程教学方法的作用

在整个体育教学课程体系中，高校公共体育教学方法有着举足轻重的作用。其重要性不仅产生于教学活动的进行过程中，而且在教学活动结束

之后的一段时期内，教学方法为学生带来的影响也是极为深远的，因此这是其他体育教学要素在功能上无法与之媲美的。总的来说，高校公共体育教学方法对体育教学活动的开展具有以下作用：

第一，促进良好体育教学氛围的营造。科学合理的体育教学方法有助于营造良好的教学氛围，使得学生对于体育学习的积极性以及参与体育活动的积极性都可以大幅度地提高；通过适当的科学化的体育教学方法可以展现体育教师出色的人格魅力和教学水平，从而提升学生对教师的信任度和认可度，学生学习的专注程度也会有所提升，这对于形成良好的学习气氛也是非常有益的。从另外一个角度来讲，良好的学习氛围能够更好地带动所有的学生一起投入体育学习，从而形成一种良性的循环，最终共同提高体育教学的质量。

第二，促进教学任务的完成。在体育教学活动中，体育教学方法可以为体育教师与学生之间的互动交流建立必要的联系，这对于顺利实现体育教学目标，高效完成体育教学任务具有极大的促进作用。

第三，促进体育教学质量的提高。通过科学的体育教学方法，能够充分激发出学生的学习兴趣与热情，充分发挥出学生的学习主观能动性，这对于促进学生的学习效率和全面提高学生的体育学习质量具有积极的促进作用。

第四，促进学生身心素质的全面发展。任何一种体育教学方法的产生必定是受到某种或某些科学思想或理论的熏陶与影响，因此可以说任何一种体育教学方法都具有一定的科学性与和合理性。要达到促进学生身心健康发展的目标，就需要对体育教学方法进行合理地利用以及科学地组合使用。如果采用的体育教学方法与教学内容或者与学生的实际情况、学校的教学设施等客观条件相背离的话，不仅不能够促进学生的学习能力的提升，而且还有可能会给学生的综合发展带来阻碍。

对于高校公共体育教学而言，可以将其视为一个学生对体育理论知识和运动技能进行体验和实践的过程。因此，高校公共体育教师既要为学生讲解相关的体育运动知识，又要引导学生积极进行体育运动的实践和训练，以此促进学生的全面发展。而且，科学的体育教学方法的运用还可以培养学生美好的情感体验，磨炼学生的意志力，这些对于学生的成长和成材都是非常有益的。

四、高校公共体育课程教学方法的分类

（一）传统体育教学方法

1. 语言教学法

所谓语言教学法，是指教师通过语言方式来描述体育知识、文化、动作要领、技术构成、教学安排等一系列活动要点的方法，学生通过对教师的语言的理解，逐步掌握知识的要点。

（1）讲解教学法。讲解教学法，是指教师通过讲解来展开教学活动内容。讲解教学法一般用于体育理论的教学，讲解教学中体育教师需要注意学生的认知能力和知识水平。如果讲解的深度和难度超出了学生认知能力的范围，让大部分学生感到难以理解，则说明教师阐释的方式或者选用的教学内容不适合学生。讲解法的使用应注意以下五点：

第一，明确讲解的内容和目标，讲解的过程要突出重点和难点；讲解要有较强的目的性和针对性，也就是说在讲解之前就应该预设好讲解将要达成什么样的目标，以便于在讲解过程中对课堂的整体方向有所把握。

第二，保证讲解内容的准确性。教师要有科学严谨的教学态度，高度重视讲解内容，尤其是体育历史文化、专业术语的解释、技能方法的描述要准确到位。

第三，注意讲解的形式要简单明了、生动有趣。任何烦冗拖沓、枯燥乏味的内容都容易让人产生厌倦的感受，因此教师要善于利用图片、视频与语言讲解相配合，同时采用多样化的表达方式，将知识点，描绘得更加形象自然，加以肢体动作以促进学生对语言描述的理解。

第四，讲解要由表及里、易懂易学。对于同样的知识点，不同的教师进行教学的效果往往会产生一定的差异，产生这种差异性最主要的原因之一就在于教师对于引导学生进行理解的方式。优秀的、有经验的教师往往更善于通过对比、类比、递推、递进式提问等形式来启发学生的想象思维和主动思考，促进学生对于知识的敏感性，能够发现知识之间的内部联系，并形成自我的认知能力和属于自己的知识体系，并且能够灵活地完成对知识要点的迁移。

第五，注重讲解的知识在逻辑上的先后顺序以及它们之间的内在关联性，以便于学生能够更快地完成对知识的掌握并形成较为稳定的知识体系。

（2）口头评价法。作为体育教学中的教学方法之一，口头评价是最

为快速和直接的一种评价和提醒，它不拘泥于某个具体的时间点和地点，既可以在课堂中进行也可以是在一节课结束之后，体育教师对学生的学习和练习以及获得的学习效果进行简要的、概括性的点评。口头评价可以按照评价的性质分为积极评价和消极评价两种：积极评价是带有肯定、表扬和鼓励的性质的评价；消极评价是由于学生的表现不够理想，具有一定的批评和鞭策作用的评价。教师要尤其注意沟通的技巧，注意措辞的方式，就事论事，既要让学生充分认识到自己的不足之处，又要保护学生的自尊心，不能打击学生的自信心。

（3）口令、指示法。口令、指示的语言凝练、短促有力，因此在体育教学的实践中教师可以适当通过口令指示给予学生一定的知识，这种方式尤其适用于体育教学中的动作教学。口令和指示法的应用应注意三点：①发令的声音要清晰、洪亮；②注意使用口令法和指示法的时机；③注意口令和指示发出语速和节奏，太快了学生跟不上，太慢了会削弱其力度和有效性。

2. 直观教学法

直观教学法是通过给予学生的视觉等感官以刺激来促使学生对体育知识产生深刻的了解，直观教学法的优势和特点是直接、生动、形象，因此产生的效果往往也更具有震撼力和持久性。体育教学中有以下最为常见的直观教学法。

（1）动作示范法。动作示范法，就是指在体育教学中，教师通过对教学内容的动作示范，来帮助学生熟悉动作的结构和动作的要领，同时对该技术动作有一个整体上的、比较形象化的了解。动作示范教学法的使用应注意以下四点：

第一，明确示范目的。在示范之前，要明确示范的目的是什么，通过动作的展示，要使学生达到什么样的学习效果。进行动作示范之前，要指导示范的目的是什么，要展示什么。

第二，动作的示范要标准连贯。因为教师的演示就是学生学习和模仿的参考，所以教师的示范必须要正确，否则一旦学生形成错误的动作习惯，对其后续的学习会带来许多麻烦与不便。

第三，要选择合适的示范位置和角度。这样做的主要目的是要使所有的学生都能清晰地观察到动作示范，从而对技术动作产生一致性的、准确的理解和认识，为了实现该目标，教师可以选择从多个角度来进行多次示范等方法。

第四，示范应与讲解相结合。通过示范、讲解两种方式的配合，调动学生的听觉、视觉和触觉等多个感官的功能，使学生对技术动作有更为深刻的理解和认识。

（2）教具与模型演示。利用教具和模型等实际物体来辅助体育的教育教学，使学生对技术结构的理解更加简便和轻松。教具与模型演示的使用应注意以下三点：

第一，根据教学内容的实际需要提前将教具和教学模型准备好。

第二，教具、模型的展示要全面到位。尤其是对器材进行具体的介绍和讲解的时候，可以让学生近距离地观察和体验。

第三，使用过程中要注意保护教具与模型，使用完之后要小心地收纳到指定的容器内，并放置到安全的地方以防损坏。

（3）案例教学法。案例教学法就是在体育教学中用反面对比和类比等方法来列举例子，让学生能够更好地理解所学习的内容。案例教学法的要求具体有以下两点：

第一，例子的选取要恰当，确保符合目标要求。

第二，选取有关战术配合的案例时，分析要尽量详尽一些，并且要注意从攻和守两个角度来进行分析。

（4）多媒体教学法。多媒体教学方法在现代体育教学中的使用越来越广泛，其与传统的板书教学最大的区别和优势在于：多媒体教学可以形象生动地将教学内容展示出来，通过动画和视频演示、慢放和定格等操作，可以将每一个动作的每一个重点和细节都精准地定位、展示和分析，从而使学生对动作技术有更加快速、清晰、深刻的认识，这是传统的肢体示范和口头讲解都无法实现的。多媒体教学法的运用需要多媒体教学设备等硬件条件的支持，也需要教师具备多媒体操作技能作为软件方面的支持。

3. 完整教学法

完整教学法在体育教学中有着较为广泛的应用，其主要应用于教学实践课，重点强调体育教学过程中要完整地、不间断地对整个技术动作的过程进行展示，使学生对动作产生整体的概念和印象。完整教学法在体育教学中的应用有以下要点需要引起注意：

（1）完整展示要及时。在语言讲解之后，要尽快进入整体展示的阶段，保持学生在认知上的连贯性，在语言讲解和整体展示的连续的、双重作用下，促进学生对技术动作有一个正确的把握。

（2）前期的动作练习要适当降低难度。对于难度系数稍大的动作，教师可以先降低动作的难度和要求来引导学生完成完整的动作流程，然后逐渐增加难度，待学生比较熟悉动作流程之后，再按照标准动作的要求来完成整个动作的学习和练习。

（3）要对动作的各个要素进行全面的解析，而不是仅仅局限于将动作连续地展示给学生看。这里的动作要素主要包括动作的发力点、支撑点、用力的方向、大小以及所有影响动作标准的细节因素。

4. 分解教学法

分解教学法是与完整教学法相对的，更适合于高难度的运动项目。分解教学法的主要优势为分步教学，将原本很复杂的动作变得更容易理解和模仿，从根本上降低了技术动作的难度。具体来说，分解教学法的应用需要注意以下方面：

（1）学会选择技术动作分解的节点，不要破坏整个动作的连贯性。

（2）注意依次教学和加强衔接练习。对于分解后的各个部分要按照其先后顺序进行练习，之后还要将各个环节的衔接处结合到一起，并对此做专门的强化练习。

（3）将分解法和整体法相结合运用，可以获得更好的教学效果。

（二）新型体育教学方法

1. 娱乐教学法

增强学生体质是高校公共体育教学积极效应的重要方面，这一点似乎是毋庸置疑的，但是在现实的教学过程中仍然有相当一部分学生对体育课的学习显得不感兴趣，所以不能积极主动地参与到体育活动当中来。

为了激发出学生对体育课的兴趣，更好地焕发出体育运动本身具有的独特魅力，就必须要改变过去单一的教学形式，积极采用娱乐教学法，重新编排和组织体育教学内容。在娱乐教学过程的设计上，体育教师也需要下功夫，积极探寻每一堂课教学内容当中的娱乐性成分和娱乐性元素，或者考虑如何将娱乐性元素如游戏、音乐、竞赛、趣味性道具的使用等穿插到体育教学过程当中。当然，该做法会给教师的工作带来一定的负担和压力，但可以充分展现出体育教学内容的丰富性和趣味性，只要学生的学习兴趣提高了，学生的学习效率就会随之得到提高。需要注意的是，在该方法的使用中要避免走纯娱乐的另一个极端，如果失去了对培养学生强健体魄和学习能力的本质任务的把握，那将是得不偿失的行为。

2. 成功教学法

成功教学法就是按照学生的接受能力，将教学的技术动作的精华部分提炼出来，适当降低其整体的难度，鼓励学生凭借自己的意志力和理解能力顺利完成动作的学习。在该过程中，学生通过对技术动作的顺利完成体会到成功给自己带来的舒畅感和快乐感，这是任何外来的鼓励都无法比拟的，由此，学生对于体育学习的信心大增，坚信自己可以学习好其他的体育运动技能。

在对一些对于体育学习丝毫不感兴趣的学生的了解中，发现相当一部分学生是由于自己的体育运动表现不够好，与其他同学比起来差距较大，由此对体育课程的排斥心理就越来越严重。通过成功教学模式可以重新燃起这部分学生对于体育学习的信心，培养他们坚韧不拔的意志品质，形成正确的学习动机，这对于运动技能的提升是非常有益的。

3. 探究教学法

探究教学法就是指教师着意引导学生在教学过程中发现问题、分析问题，最终提出可行性方案而解决问题的一种教学方法。通过该教学方法，学生在探索和分析的过程中不知不觉地掌握了相关的知识和技能，同时培养出了高超的洞察力和知识迁移的能力。探究教学法符合现代教学教育理论以及以学生为主体的教学理念，因此越来越受到体育教师的重视。在探究教学法的应用过程中要注意以下三个方面：

（1）目的要明确。教师要提前确认研究计划，确保体育教学目标的实现。探究的目标模糊或者实际的教学与探究的目标相背离，会造成无效的教学，浪费师生的时间和精力。

（2）探究的内容和主题要和学生的运动水平以及他们的认知能力相一致。教学内容太简单的话，学生会感到没有激情和挑战性，继而产生无聊的感觉；内容难度设置太过于高深，又会打击学生对于体育学习的自信心。因此教师要深刻理解这一点，引导学生做难度适中的探究性学习。

（3）对于一些难度偏大的探究性客体，学生通过努力仍然没有较为理想的思路的时候，教师要适度地启发和鼓励。

4. 逆向思维教学法

逆向思维教学法是指以与常规思维相反的思维方式来开展教学活动的一种教学方法。从常规的思维角度来说，教师一般都会比较习惯按照技术动作自然发生的顺序来进行体育教学，但有时候按照反常的程序来教学反而可以取得更好的教学效果。例如，在跳远的教学中，可以先教起跳，然后教助跑和落地动作；标枪的学习，可以先教投掷动作，再教助跑，最后将各个部分组合到一起，做完整练习。此类教学有一个共同点就是把最难的部分放在最前面来学习，因为这部分动作的正确与否对运动项目的比赛成绩起决定性作用。

在体育教学实践中，教师经常会发现学生总是学不会一个看似很简单的动作技能，尤其是当这种问题呈现出普遍性特征时，教师就需要用逆向思维来看待这些问题，因为很有可能问题不在于学生的"学"，而在于教师的"教"，如果教师能够及时地反思教学中是哪个环节出现问题还是整个教学方式的选用不适合。这种"反思"其实也是逆向思维教学法的一种体现。

五、高校公共体育课程教学方法的优化

（一）转变高校公共体育教学理念

当今社会信息技术发展迅猛，教学与网络技术的融合已经成为一个不可逆转的趋势。在教学中，运用网络技术，可极大程度地保证整个教学收获到良好的结果。为了能够将网络技术的作用发挥出来，体育教师还需要及时对教学理念进行调整。对此，高校公共体育教师以及相关工作人员一定要以一个开放的态度面对当下流行的新理念以及新事物，以此来为现代体育教学手段在体育教师的实际教学应用中提供便利。体育教师要严格要求自己，提升自己的专业素质，努力在实际教学中不断发现自我、完善自我，这也是现代高校公共体育教师在新形势下必须具备的一个素质。同时，这也是保证信息技术在体育教学中发挥出最大作用的关键所在。

（二）增强教学手段创新意识

在创新高校公共体育教学手段这一实际过程中，体育教师要想收获到良好的成果，应该在态度上给予重视，树立科学且正确的创新意识。体育教学手段能够有所突破，实现创新，将会对现代高校公共体育教学能否突

破传统理念的制约，建立起与时代相适应的现代化体育教学模式起决定性作用。要想实现体育教学手段的创新，关键在于引导一线体育教师以及体育教学的相关管理部门对创新形成正确的思维和意识。以体育教师为例，倘若体育教师具有创新意识，那么他们不管在教学中还是在与学生日常接触中，都会时时刻刻地谨记培养学生对体育运动的兴趣，并注意对学生创造能力加以提升。体育教学手段要想实现现代化，离不开体育教师在教学中激发学生的创造欲望、满足学生的心理需要，并随时根据教学实际调整教学方法的高度责任感。

（三）合理利用体育教学软件

在高校公共体育教学基础设施持续得到完善、优化，以及教育技术现代化得到快速发展这一背景下，当前各个学校一定要注意加大对于体育教学辅助软件的建设力度。各个学校在后续体育教学中应有意识地确保体育教学软件的开发力度可以得到进一步提升，可以更好地匹配于现有的硬件设施条件，从而可以将现代化教学手段的价值以及意义充分发挥出来。具体来说，体育教师在开展体育教学的实际过程中，要基于汇集计算机、投影仪、录像播放三者于一体的多媒体技术，将那些难度相对较高的动作技术制成电脑动画，以便学生可以反复多次的、慢速的、多方位的、动静结合地来观看整个技术动作的演示，如果可以再配以一定文字对该类动作的关键部位进行解释说明，学生势必会对所学动作的技术要领和动作结构有更加深刻清晰的理解和认识，这可确保学生对正确动作快速形成概念，可极大程度地提升教学效率。

那些功能强大、全面、实操性较强的教学软件可极大程度地激发起学生学习体育动作、体育理论的兴趣。这进一步说明教学软件的开发利用在高校公共体育教学中的重要作用。例如，在开展篮球体能训练的实际过程中，倘若只仰仗于个人进行体能训练，或者利用多媒体幻灯片这一技术来向学校学生讲解大量的理论文字，这对学生而言无疑是枯燥的也是乏味的。

反之，倘若体育教师在制作体能电子教案时采用动画或者视频等动态形式来对体能训练进行讲解，这种形式更加具有观赏性，可供学生反复进行观看，最后再辅之文字理论或讲解，这可以直接对学生的感官神经产生一定刺激，使学生在学习体育理论以及技术时带有强烈的好奇心与兴趣。具体来说，大力开发体育教学软件，除了有益于进一步优化体育教学内容、教学模式之外，还能进一步拓展并丰富学生对所学内容的领悟路径。

此外，出于进一步丰富以及拓展资源的目的，高校还应该搭建起相关的网上教学资源库，以便学生可以借助校园网在教学资源库中获取自己所需以及自己感兴趣的知识在线主动进行学习，这有利于为学生营造出一个更好适应高度互动、个性化的智能教学环境。在校园网、体育教学信息库得以建立并实现进一步改善，以及高科技产品与体育教学之间的结合更加紧密的背景下，不管是研制现代化体育教学软件还是创新与开发现代化体育教学软件和过去相比都更为容易了。由此可见，加快、加大开发体育教学软件的力度，对创新以及发展体育教学手段的现代化都具有极其重要的意义。

六、高校公共体育课程教学方法的创新

（一）各个环节的课程教学方法创新

1. 准备环节

准备环节是高校公共体育教学的重要环节之一。好的准备活动可确保学生不管是身体机能还是心理机能都可以快速进入准备状态，极大程度地降低了运动损伤的发生概率，使整个运动过程得以顺利进行。因此，体育教师在创新体育教学方法的具体过程中，应该以准备活动作为着手点，使准备方法根据创新性，让学生得以放松身心，为后续教学的顺利进行提供保障。

具体来说，准备活动通常可分成两种形式——专项准备和一般性准备。体育在一般性准备活动中，可通过游戏的形式激发起学生的参与热情，保证学生大脑的兴奋性得以提升。例如，可以采用以"贴人""报数"等为代表的过程简单、组织便捷且具有极强灵活性的游戏，引导学生的身心得以迅速处于一种准备状态。而在专项准备活动中，体育教师也可基于教学内容适当引入一些与之相关的内容。例如，体育教师可在开展投掷类运动之前，可先设计一个传球游戏，既可以让学生放松身心，激发起学生学习的热情；又可以让学生做好热身，可极大程度地避免运动损伤的发生，进而得以为后续教学的顺利进行做好铺垫。

2. 教学环节

体育教师将创新理念融入高校公共体育的实际教学中，一方面可使整个课堂氛围更加生动活泼，使原本十分枯燥且单一的训练充满乐趣；另一

方面又可将学生的学习热情尽可能地释放出来，使学生不仅可以深入理解相关理论，还能尽快掌握相关的运动技能，最终促使整个教学可以取得十分理想的成效。

3. 结尾环节

对于结尾环节方法的创新同样不应忽视。体育教师如果对公共体育教学结尾阶段的方法进行创新，为整个教学留下一个美好的结尾，这对学生运动习惯的养成和运动意识的形成无疑都具有十分重要的作用。在体育教学中，结尾阶段在整体教学过程中所起到的作用不容忽视，除了可使学生原本处于不平静状态的身心机能得以迅速恢复，还能为学生后续的深入学习做好准备。对此，体育教师在进行创新时，一定要以学生此时所具有的特点以及需求作为指导，大胆对方法进行创新，以此来保证教学在结尾处可以得到升华。

具体来说，体育教师可以安排一些旋律、节奏都较为舒缓的音乐，再配合一些相对较为舒缓的动作，引导学生的机能状态可以逐渐趋于平静。除此之外，体育教师还可以进一步丰富课堂结尾阶段的教学内容，可引入瑜伽、太极以及健美操等运动项目的动作，以此来尽可能丰富结尾处的内容，保证学生的学习兴趣得以激发，确保创新可以实现。

（二）高校公共体育教学方法的组合创新

组合创新教学方法，顺应了现代高校公共体育教学方法优化组合的发展趋势。所谓组合创新，主要是指体育教师基于合作学习法来进一步对教学方法进行完善和创新。教学方法的组合这一措施实质上是一种对于原有教学方法的创新和完善。伴随着社会的迅猛发展，高校公共体育教学也随之产生了极大的改变，高校公共体育教学方法要想保障教学活动的顺利进行，就要基于实际情况不断进行创新，以此来确保新的高校公共体育教学方法不断涌现，高校公共体育教学最终收获良好的效果。

第三章 高校公共体育教学保障及评价

第一节 高校公共体育教学的校本资源开发

校本课程是指以国家和地方课程的基本精神为指导、以学校为基地、以学校教育哲学为理念、以学生的需求为基础、以教师为主体、以当地社区和学校教育资源为依托而开发的实施方案。

体育校本课程开发是指以学校体育教师为主体，在国家和地方体育课程方案的指导下，依据学校自身的性质、特点、条件以及可利用和开发的体育资源，为满足学生的体育需求和实现体育与健康课程目标而展开的一系列课程活动的过程。

一、高校公共体育校本课程开发的组织、目标与情境

（一）高校公共体育校本课程开发的组织建立

建立组织即成立课程开发委员会或相应的工作小组。这不仅为整个校本课程开发提供必要的组织保证，而且其本身也应该成为一个提供支持和服务、增进交流、对话和理解、增强凝聚力和归属感的过程。这一阶段的工作主要有：①确定课程开发小组的成员，成员一般由学校校长、体育教师以及体育课程专家等组成；②安排比较详尽、操作性强的工作流程。

（二）高校公共体育校本课程开发的目标拟订

学校教育目标是学校期待其所要培养的人在接受教育后应该达成的基本要求。校本课程开发的实质，就是依据学校教育目标，建构学校的总体课程，并据以实施、评估、改善的过程。学校教育目标制订以后，如何联结学校教育目标同体育校本课程开发的关系，还有一段距离。为求高校公

共体育校本课程开发活动能够有效地实施以达成预期的目标，就要把抽象的、理想的学校教育目标细化为有层次的分段目标，并考虑达成这些目标的具体方式和步骤。学校的教育目标必须转化为体育课程目标，并进一步转化为包含不同领域的体育校本课程目标，通过教学来实现这些目标，进而实现体育课程目标，最终实现学校教育目标。

（三）高校公共体育校本课程开发的情境分析

情境分析是高校公共体育校本课程开发顺利展开的前提条件，只有对各种校内外的情境进行科学的、充分的了解和评估，才能开发出真正适合本校实际情况的体育课程。情境分析可分为校内情境和校外情境两部分。校内情境分析主要包括对学校体育与健康课程开发的人力资源情况，学生特点和需求，体育经费，体育活动场所、设施、器材等进行综合评估；校外情境分析包括对社区文化特点、体育传统及其他各类体育资源情况、家长对课程开发的态度、教研人员与课程专家的合作等状况的评估分析。

1. 校内情境分析

校内情境分析主要包括以下方面：

（1）学生分析：学生的需求、学生群体基本情况、学生身心发展特点、学生的体育兴趣与需要、学生的体育学习基础和能力、学生的情感和社会适应能力、学生的学习品质。

（2）教师教辅人员分析：①体育教师：数量、知识、经验、态度和能力等；②其他相关教人员：专业、学历、对体育课程开发的态度、经验等。

（3）设施分析：①体育设施：现有体育教学设施的数量、质量、品种、保养、维修、制度、使用率等。各种体育课程材料及图书、资料的数量、质量等；②信息技术条件：多媒体设备、互联网等。

（4）课程分析：目的是要查找出现行体育课程与学校实际不相适应的问题，以便找准体育校本课程开发的位置。这部分要调查的内容有：对现行体育课程不适应学校及学生需求的方面进行诊断，及时获得课程方面的问题；查找学生现有体育知识和能力存在的不足；澄清现实和理想之间的差距；分析应该做且有条件做好但却没有做好的方面，以及如何改进。

2. 校外情境分析

校外情境分析主要包括：社区对该校的期望、社区人文环境、社区体育物力资源、社区体育人力资源、家长的资源及其态度、体育课程专家可能支持的程度等方面。

（四）高校公共体育校本课程开发的方案确定

高校公共体育校本课程开发方案是课程开发的具体规划和行动指南。这一环节先是以体育教研组长为核心、体育教师共同参与完成，并拟订方案初稿；以会议或其他形式取得全体参与人员的共同理解，达成共识；最后由校长审定向上级主管部门申报和备案。具体包括以下工作内容：

第一，确定学校体育课程开发的基本方针。全体参与校本课程开发的成员首先要了解和把握相关体育课程改革的资料和精神实质，如研究和理解体育课程的有关规定，结合本校教育总目标和课程目标，经充分讨论后达成共识，继而展开课程编制工作的相关计划。

第二，确定人员的分工和任务。课程开发方案中还应确定参与人员的分工和权限，明确各部门人员的关系，以便各部门通力合作，完成学校体育课程的构建。

第三，确定开发流程和时数安排。有计划的开发流程会使后面的工作更加顺利。要根据学校课程开发的长期、中期、短期目标设计科学的开发流程。同时体育校本课程在教学与课余活动中的比例、时数的安排也十分重要，特别是体育课堂教学的节数、课余体育活动的比例安排等。

二、高校公共体育校本课程开发的培训和实施

（一）高校公共体育校本培训

校本培训是课程改革的配套措施，校本课程开发以学校为基地，以体育教师为主体。"开发体育校本课程关键是体育教师的专业化发展水平。"[①]体育教师的专业化可以在具体实施国家和地方体育课程的过程中，更好地评估学生的体育需求，在充分利用学校相关体育资源的基础上，实现体育与健康课程目标的方案。所以，课程方案设计之后，不但要对全体体育教师进行培训和解释，同时也要和学校其他相关人员、家长、社区人员沟通和说明，这样才能有的放矢、优质高效地实施校本课程。

校本培训要解决的主要问题有：①强化课程意识；②明确体育本课程开发的意义，了解体育校本课程开发的含义和特点；③领会体育校本课

---

① 练文.高校体育校本课程开发探析［J］.中国成人教育，2010（14）：144.

程开发、组织的基本理论和基本思路，掌握编写"体育校本课程纲要"和体育校本课程教材的方法和技能；④领会体育校本课程教学的特点，开展生动活泼、优质高效的教学活动。

（二）高校公共体育校本课程实施

高校公共体育校本课程目标的达成必须通过课程实施。实施课程是开发组成员将已经规划好的体育课程付诸实际教学的过程。体育校本课程实施的途径有：体育教学、大课间体育活动、课外体育俱乐部。学校隐性体育课程是利用社会力量和学校资源、实施体育校本课程的又一拓展途径和形式，包括学校运动会等。

三、高校公共体育校本课程开发的评价

评价是高校公共体育校本课程建设过程中的重要环节，评价的目的是判断校本课程开发过程中的成绩与不足，为进一步修订课程开发方案服务。这一过程包括以下两方面的工作：

第一，对体育校本课程实施过程中各种活动本身的评价，如教师对课程的适应程度、教学表现；学生在课堂和其他课程活动中的态度与行为；学校、体育课堂的环境等方面的评价；对学生发展的评价和对体育校本课程可行性的评价等。

第二，对体育校本课程开发活动本身的评价，如校本课程开发的原则、目标确定是否恰当、合理；校本课程内容是否适合学生、实施过程的管理、课程评价体系的适切性等。对课程开发进行综合性的评价后，进一步修订课程方案，以便更好地进行下一轮的课程开发工作。

第二节　高校公共体育教学的环境优化

一、高校公共体育教学环境的特性

人受不同的环境影响产生不同的行为特征。环境可分为社会环境和自然环境，其改变可对个体乃至社会造成极为重要的影响。在体育教学活动中，外在环境同样可以作为评价教学质量的指标，影响体育教学活

动的顺利开展和学生的身心健康培养。具体来讲，教学环境是一个由多种因素构成的复杂系统，对于促进教育计划的制订、教学活动的展开以及教学结果的评价具有重要意义。教学环境联系着学科的形成和发展。作为教学环境的一种，"体育教育的环境能够对学生产生潜移默化的影响，良好的环境是学生有效学习的重要前提"[①]。学生不仅可以从中提高体育学习能力，教师也能够利用其顺利组织体育教学活动。另外，因体育教学环境多样性、复杂性的特点，其实施需要综合考虑实际情况和客观条件。

与其他学科不同，体育学科的上课场所具有多变性。对于体育教学活动来讲，学生和教师参与的场所大多在室外，且需要具备一定的体育教学器材和教育硬件设施，并且要求学生积极参加到活动中去。体育教学环境具体可以分为人文层面环境、物质层面环境。对于人文层面环境来讲，体育教师需要充分考虑学生的实际条件开展教学活动，充分提高学生参与的主动性和积极性，并且给予人文关怀，合理安排教学时间、教学内容；对于物质层面环境来讲，体育教师应为学生营造良好的体育学习场所，并且为学生提供比较完善的体育教学设备和器械，促进学生身心健康发展。

高校公共体育运动教学环境是体育教学活动的实施基础。从体育教学实践活动中可以看出，体育教学环境相较于其他学科开展的教学活动来说，具有更加复杂、明显且直接的影响。营造良好的体育教学环境是师生展开、参与教学活动的起点，也是师生参与其中最重要的依托，如果失去这一依托，体育教学活动便不能顺利展开，师生的教与学也就失去了立足点。另外，因影响因素的多样性和范围的广阔性，体育教学环境的重要性常被人所忽略，从而影响体育教学活动实施的最终效果。但实际上，体育运动教学环境在体育教学活动进程中起着维持、推进作用，这主要是由于体育教学环境的复杂性、动态性决定的。

（1）体育运动教学环境的复杂性。对于体育教学环境来讲，其影响因素更为复杂和多样，与其他学科教学环境相比有所不同。详细来讲，体育教学活动的场地大多选择在室外或是增加开阔的空间，而极少选择在室内，这种特征也就决定了体育教学环境的复杂特性。除

① 李丽. 我国普通高校体育教学环境研究［J］. 当代体育科技，2021，11（28）：90.

此之外，体育教学环境还可能受到校风、班风、体育文化氛围、师生关系、气候条件以及地理条件等外部条件因素的影响，因此环境更加复杂。

（2）体育运动教学环境的动态性。体育教学环境具有开放性和多维度的特点。通常来说，体育教学环境的设计是根据高校实际情况提前制订的教学目标、计划，专门组织开展的一种全天候动态变化环境，并于最后再进行选择、论证和加工处理，将环境影响因素统一整合，从而使其能够系统、集中地发挥作用，促进体育教学活动顺利开展。

二、高校公共体育教学环境的设计原则

如果想要为学生营造良好的学习氛围，那么需要注重高校公共体育教学环境的有关设计，进行教学环境设计的时候要考虑体育这门学科的具体特点，然后科学地设计。与此同时，也要考虑体育学生的心理需要、学习需要。具体来讲，应该遵照以下五个方面的原则：

（一）整体化和协调化原则

教学环境会直接影响到最终的体育教学效果，如果教学环境设计的不同，那么学生对教学的积极性也会不同。教学环境设计过程当中涉及很多方面，所以，要求教学环境在设计的时候要从整体角度出发，注重不同方面之间的协调，也就是要按照整体化原则以及协调化原则展开相应的设计工作。教学环境的设计主体是学校和教师，因此要求学校和教师认真分析、综合规划，将不同的影响因素充分考虑到设计过程当中，保证不同的因素可以协调发挥作用，最终设计出优秀的教学环境。

综合考虑教学环境设计的影响因素，需要学校的领导和教师观察学生的学习和生活，举例来说，应该注意师生之间的和谐关系的构建，应该注重学生之间的友好相处，应该注意班级教室的构造安排、班级风气的打造等。这些因素都是环境设计需要考虑的，而且不同的因素之间应该协调处理，与此同时，环境设计还要参考教育目标、美学目标。

（二）教育化原则

设计教学环境主要的目的是让学生有更好的学习环境，间接促进教学质量、教学效果的提升。因此，环境设计一定要体现出教育化原则，"高

校是一个特殊的环境体，高校的作用在于净化身心启迪知识"[①]。学校是学生学习的重要场所，教学环境设计过程中也主要把学校当作设计对象，教学设计应该针对有限的学校教学环境进行科学规划，要综合地利用校园的各个空间，让学生能够感受到校园传递出的浓厚的学习氛围。与此同时，好的教学环境设计能够潜移默化地影响学生，有利于构建更好的校园氛围、校园环境，有利于激发学生学习的主动性。

（三）自然化原则

教学是针对学生开展的，所以，在进行环境设计时要综合考虑学生的心理活动及个性特点。在当今的学习时代，学生和自然环境的距离越来越大，他们往往是通过书本了解自然环境的，为了让学生和大自然更亲近，在教学环境设计过程当中应该加入更多的和自然景观有关系的要素，而且大自然要素的增多也有利于学生身心健康发展，可以让他们更好地释放学习压力、精神压力，在相对轻松的环境下学习。

（四）人性化原则

教学环境设计是为了让学生有更好的学习效果、学习成就，因此设计环境的时候要关注学生的需求，考虑其想法，也就是要体现人性化原则，要让环境设计符合学生的学习需要，让学生认为学习环境是舒适的。

（五）社区化原则

学生生活在校园当中，校园也是一个巨大的集体，校园存在于社区系统当中，因此社区环境也会影响学校环境的发展，也会影响学校发展。而且，当下非常提倡学校教育和社区教育之间的联合，非常注重学校、社区环境的一体化发展，所以，学校在设置教学设施的时候也会考虑周围的社区环境，因为学校不仅仅为学生服务，它还会为社区当中的公民提供一些服务。因此，在进行教学环境设计的时候要考虑到社区环境，要考虑社区居民的要求，而社区环境也应该在设计的时候考虑学校学生的需求，二者要相互理解、相互考虑，通过联合的方式促进彼此的共同发展。

---

① 　郭晓东 . 论高校体育教学环境的设计与优化 [J]. 吉林省教育学院学报（上旬），2012，28（08）：91.

三、高校公共体育教学环境的创新优化

（一）自然环境的创新优化

1. 自然环境对体育教学的影响

自然环境包括很多因素，比如说空气、阳光、水、树木、花朵、雷电、雨水、风雪等，这些自然因素都会影响体育活动的开展。例如，如果空气当中包含了很多灰尘烟雾，那么就可能会刺激人的鼻子、咽喉、眼睛，在这样的情况下就可能引发咽炎、哮喘或者急性支气管炎。除此之外，人体处于运动状态，二氧化碳的产生量就会增加，产出的二氧化碳以及运动过程当中产出的其他气体都可能会污染周围的气体环境。而且，一个教室当中如果有很多学生共同上课，那么一定会出现一些灰尘。

基于此，教师应该保持运动场所空气的正常流通，如果运动场所是相对封闭的，而且室内环境温度相对较高，那么学生在运动过程中就可能感觉到疲劳，心跳加快，很难在体育运动当中坚持过长时间，这会导致学生对体育活动没有兴趣，不利于体育教学活动的开展。

学生在参与高校公共体育教学活动的时候会因为外在环境当中气压或者温度的变化而发生心理状态、生理状态的变化。通常情况下，体育教师会在 10：00 后开展教学，如果学生参与教学的时候运动环境温度是比较高的，感受到过于强烈的紫外线照射，那么学生就会感觉心跳和呼吸加快，而且会口干舌燥，没有办法将注意力始终放在比赛过程当中，很容易就出现身体疲劳。如果学生的身体没有办法调整这样的发热变化，那么，学生就可能会中暑，甚至有可能会出现热痉挛的现象。如果学生在参与运动教学活动的时候，环境温度很低，那么学生就会穿更加厚重的衣服参与运动，虽然达到了保暖的目的，但是对体育锻炼活动的开展有不好的影响，而且环境比较寒冷的情况下，肢体关节就会变得僵硬，关节很难展现出更好的弹性或者更好的延展性，这会使得学生身体疲劳，也容易受伤。

除了温度会影响运动过程之外，气压也会影响运动过程，气压比较高，心脏承受的压力就比较大，集体活动的开展效率就会比较低。如果外在环境沙尘比较大、风比较大，那么也会刺激学生的喉咙，容易导致咳嗽或者咽喉痛。南方开展体育教学活动的时候也容易受到梅雨季节产生的不良影响。

如果在上述提到的环境当中开展体育运动，那么学生没有办法集中注

意力，没有办法做出准确的判断，进而就会导致学生对体育学习的兴趣变低，不利于体育教学活动的开展。

2. 体育教学中自然环境的优化

一般情况下，如果所在的地理位置不同，那么面临的自然环境也会有差异，自然环境对教学产生的影响也就是不同的。高校可以积极利用自然环境的优势，弥补自然环境的不足之处，进而为学生提供更好的教学环境。高校在对自身所处的自然环境进行分析和考量的过程当中，可以很快地找到自然环境具有的优势。例如，北方地区在冬季的时候有很大的降雪量，所以，可以更多地开展与冰雪有关的运动；山区学校周围的场地是非常多样化的，所以，可以为学生开设更多的越野活动或者登山活动；海边城市可以为学生开设更多的水上运动项目。

要想为学生提供更好的体育教学环境，那么高校需要致力于构建室内体育场馆或者风雨操场，这样才能避免恶劣环境对体育教学活动的影响。不仅如此，还应该在场地周围建设更多的绿植草地，这样可以让运动场地的空气质量得到明显的改善，还能为学生遮挡阳光，降低环境的噪声污染，而且这样绿色健康的环境也会让师生的教学活动更加愉悦。

高校公共体育教学过程当中可以选择的教学方法或者教学内容是很多的，教师可以根据自然环境灵活地为学生选择适合的运动方式，教师选择具体活动的时候要避免学生活动的开展在极限环境当中进行，要注意培养学生对体育运动的兴趣。

（二）场地环境的创新优化

高校公共体育教学活动的开展离不开体育教学设施，体育教学环境的设计也需要考虑到教学设施。教学设施包括参与教学的教师、使用的运动器材、活动开展的操场或者体育场馆等，这些设施会直接影响教学活动，并且会影响到最终教学活动获得的教学效果。不同的学生对于教学设施的外观特征会有不一样的想法或者感觉，例如体育场馆内部的灯光设计、颜色设计、设置安排会影响学生的感官，也会影响到教学效果。

1. 合理布置体育器材

合理配置教学设施可以让学生的身心得到更好的发展，也可以让教学取得更好的效果，也能让学生对体育运动投入更多的精力。举例来说，在进行体育活动的时候，学生会看到体育场地的各种器材，如果体育场地的环境是整洁、干净的，学生也会想要快点加入体育活动当中。但是，如果场地是比较杂乱的，而且设施是比较脏旧的，那么学生可能就会抗拒参与体育活动。

除此之外，在体育器材投入使用之后会产生一定的磨损或者是老化，有一些需要螺丝连接的体育器材也可能出现螺丝松动，这会对体育活动的开展产生一定的安全威胁，所以，需要注重运动设备的维护，要经常检查运动场地是否有安全隐患。同时，还要对发现的老化器材或者磨损器材进行定期保养，只有教师做到了日常检查、日常维护，学生参与体育活动的安全才有保障。

2. 搭建色调环境

高校公共体育教学环境的色调也会对教学结果产生一定的影响。一般情况下，色彩会影响到学生的心理状态或者情感状态，如果色彩是红色的或者深黄色，那么学生更容易处于激动状态，如果是绿色或者蓝色，学生可能会感觉很轻松。相比之下，暖色调更容易激发学生的兴趣。举例来说，在双杠运动当中学生更喜欢红色的双杠，而不喜欢木制的双杠。体育设施本身设定的颜色以及学生体育运动服装的颜色也会对教学效果产生影响，如果班级着装比较统一，那么学生在体育活动当中的凝聚力就比较强。

3. 完善其他条件

高校除了提供更加优质的场地条件之外，还要考虑到场地当中的采光设置、照明设置以及声音设置。通常情况下，体育课的开展需要依赖室内场馆，所以，室内场馆的照明设计、采光设计或者声音设计都会影响到教学活动的效果。如果场馆内部光线比较暗，那么学生很难看到老师写在黑板上的体育知识，这会直接影响学生知识的吸收和理解，进而会影响到体育学习的效果；如果场馆内部的光线非常强烈，那么就可能会导致反光现象的出现，这会导致学生运动过程当中视力受到影响，最终的教学效果也没有办法提升。

除此之外，场馆应该为学生提供安静的学习环境，避免噪声的影响，这样学生才能集中注意力。如果学生没有办法集中注意力，就容易产生运动疲劳，而且情绪波动也会更大，难以稳定地开展体育活动，有的时候甚至会攻击他人。如果是在室外开展体育活动，那么噪声的影响是一定存在的，高校应该选择其他方法为体育教学活动的场地提供更为安静的环境。

（三）人文环境的创新优化

高校公共体育教学过程当中涉及很多人文环境因素，接下来将针对其中比较重要的两个方面进行相关分析。

1. 体育教学组织环境

（1）组织环境的构成。这里的组织环境指的是学校风气、班级风气、学习风气，这样的组织环境直接影响体育教学活动的开展，分析组织环境的时候可以把学校看成社会组织群体，学校内部设置的班级属于次级群体，所有的群体都可以在学校这个大的社会组织当中展现自己的心理活动，展现自己的精神面貌。

体育组织环境当中的重要构成因素是班级规模，一个班级的规模大小会直接影响学生在体育活动当中的学习动力，也会直接影响到学生的体育学习成绩，体育教学效果也会受到直接影响。我国教学一直提倡的是小规模教学，在小规模教学当中教师负责的学生更少，每个学生获得的教师的关注就更多，当师生之间的比例比较低的时候，教育水平更容易提升，有一些欧美国家使用的就是较低的师生比。

体育教学组织环境使用的队形编排方式是至关重要的，课堂当中师生之间使用的沟通方式、信息传递方式、使用的教学内容、教学方式都会受到来自队形编排方式的影响。校风代表的是一个学校的精神风气，它会从心理角度对学生产生作用、对教师产生作用，也就是说，它作用的发挥是隐性的。校风的产生是高校内部师生共同努力之后创作出来的集体性行为，需要高校的学生、教师，以及其他人员共同努力，校风是看不见的、摸不到的，但它又深刻地影响着学生对体育的态度。

班风指的是一个班级当中成员在长期交流、长期共同生活的情况下产生的能够代表整个班级的心理倾向。班风可以凝聚整个班级的力量，班级成员会把班级目标当作自己发展的任务，会为了班级目标的达成而努力。如果班风是优秀的、是良好的，学生也会更愿意进行交流探讨，在优秀的班风的指导之下，学生可以形成正确的人生观念，这样的班风也有助于高校或者班级开展各种各样的活动。通常情况下，良好的班风包括勤劳刻苦的学习精神、热爱劳动的奉献精神、关心同学乐于助人的团结精神、友爱精神等。

一个学校的体育教风会影响到学生体育能力的形成，也会影响到学生体育意识的建立，教师可以使用陶冶、启发、感化或者暗示这样的教育机制，让教风慢慢地引导学生形成良好的体育意识，慢慢地培养学生的体育能力。

集体舆论可以对一个学校学风的形成产生积极的引导，但是，如果集体当中存在不健康的风气，那么学生也会受到这种风气的影响，学习注意力不集中，学习意识难以形成，没有办法培养其对体育活动开展的积极性，这会导致体育教学效果降低，而且学生也很难在课后严格要求自己进行体育锻炼。

（2）体育组织环境的创设。在体育课堂教学过程当中，无论是教师还是学生，都会受到来自队列编排角度产生的影响。举例来说，在信息交流过程当中，队形编排就会影响到体育教学信息交流的具体范围，也会影响到体育教学信息的交流方式。在室外体育课的时候，教师通常会使用横排队形，这可以让教师和学生面对面的交流，也有利于教师向学生传递更多的体育教学知识、教学信息，这种信息传递模式是单向的。在此基础上还有双向的信息传递模式，这种模式虽然可以让师生之间很好地交流信息，但是，却会在一定程度上不利于学生之间的信息交流、信息沟通。

当下社会环境变化迅速，这个环境当中成长起来的学生成熟的速度明显加快，和之前的学生显现出了较大的不同。而且学生之间的信息交流会对学生的学习成绩产生直接影响，当学生年龄越来越大时，信息之间的交流沟通对他们成绩的影响也越来越大，很多时候甚至连教师的帮助都没有办法避免这种影响或者降低这种影响。所以，教师需要综合分析学生的特点，然后根据学生的需要设计课堂队形，充分利用不同队形具有的不同优势来促进师生之间、学生之间的交流沟通。举例来说，在纠正学生错误动作的时候可以使用"U"形。这样课堂信息的传递方向就会更多，信息的传递范围也会随之变大，无疑会增加课堂当中信息的传递效率。

如果校园内充满了温馨的气氛、文明的气氛、积极的气氛，那么学生的成长也会受到积极的、正向的影响，学生会养成良好的学习习惯，正确的价值观念。也就是说，建设出优秀的校风之后学生无论是成绩提升还是个人成长都会得到有效助益。并且高校也可以通过良好的校园氛围更好地进行校园建设，一个学校良好的体育校风除了影响师生的习惯之外，还能够影响他们的思想意识发展，更有利于学生自主锻炼，养成积极正确的体育习惯。

环境是通过渗透的方式影响人的发展的，尤其对人思想意识的影响更是潜移默化的。当下高校公共体育营造出优质的环境，在这样的环境当中，学生受到浸润，养成了优秀的学习习惯、行为习惯。在教师的引导之下，学生可以慢慢地改变之前不正确的行为方式、生活方式。举例来说，在学校组织的体育竞赛活动当中，有很多优秀的选手可以获得优异的成绩。这些选手就可以带动其他学生更好地参与体育活动。学生在学校良好的风气氛围的熏陶下会更加积极努力地学习，这样的氛围也更有助于学生养成积极开朗的性格。不仅如此，体育竞技过程当中竞技的魅力也会吸引学生，会让学生在不断地训练当中提高自身的毅力，养成坚韧不拔的性格。

2. 体育教学心理环境

高校公共体育教学心理环境会影响到高校公共体育教学的成功与否，而且体育教学心理环境和其他的影响因素具有的作用是一样的，所以，高校应该注重校园体育文化氛围建设，注重师生关系的和谐发展。

（1）高校公共体育文化。在社会经济水平不断提升、社会文明不断进步的情况下，文化得以形成，并且不断完善，文化代表一个民族的文明发展，校园体育文化也是一样的，它代表校园体育的发展。我国目前还处于快速发展时期，网络的快速普及、生产力的快速提高都使得人们的生活发生了变化，人们的思想观念也发生了转变。在这样的情况下，文化也得到了迅速的发展，但是，文化在带来好处的同时也带来了一定的冲击，它对人们的生活产生了积极正确的影响，也产生了一些消极或者负面的影响。

高校想要改变校园体育文化环境，那么必须在高校内树立正确的体育思想意识。高校的所有领导人员、教师工作者也需要以身作则，发挥带头作用，引导学生养成正确的体育文化思想，抛弃那些不正确的负面的文化信息。校园体育文化本身是非常开放、包容的系统。举例来说，在国际体育比赛过程当中，如果选手能够取得非常优秀的成绩，那么体育教学也会受到激励。在体育竞技产生的积极影响，高校也开始注重学生在体育方面的素质培养，在教学计划当中加入了和健身有关的课程。除此之外，高校也开始注重培养学生的体育素养，让学生养成正确的体育思想意识，让学生了解更多的体育知识、体育资讯，可以说这为校园体育文化优秀氛围的构建打下了坚实的基础。

（2）课堂气氛。体育课堂气氛也可以叫作体育心理气氛，它指的是学生在体育课堂当中反映出来的情绪，课堂气氛的产生受到师生互动的影响，师生互动的情况会导致学生情感出现波动，情感变化也会影响最终的学习效果。虽然体育教学没有把心理气氛当作是重要内容，但是，它却极大地影响了体育教学效果。

影响课堂气氛的因素比较多，比如说师生之间的关系、课堂环境以及学生自身的情绪波动等，这些因素共同作用就形成了体育课堂气氛。所以，想要构建出优秀的课堂气氛，那么体育教师和学生都要努力。气氛构造过程中教师是主导，教师可以对课程知识的学习速度、知识的学习数量进行把控。教师应该从学生角度出发为学生构建适合他们的学习氛围，激发他们对体育学习的主动性、积极性，然后以学生学习伙伴的方式引导、鼓励学生提出他们对课堂的不同想法，然后参考学生的反馈意见对接下来的体育教学计划进行调整。教师也应该设置自由讨论环节，尊重学生的意见表达，让学生自主进行结果的探讨，让学生感觉课堂学习是自由的。

除此之外，课堂也应该充满灵活性，教师应该鼓励学生积极发言，这样课堂气氛就会被调动。与此同时，教师要注意上课过程当中情绪的控制。情绪控制包括教师个人的情绪控制以及学生的情绪控制，只有情绪在合理的范围内波动，课堂气氛才能是和谐的、融洽的。教师对学生的信任和鼓励会让学生更有自信，让学生更相信教师，更积极地参与课堂活动。相反，如果教师没有获得学生的信任，经常打击学生，学生就会对教师产生抵触心情，不愿意参与教师的课堂，一旦产生了这样的心理，那么无论教师多么努力，多么富有激情，学生也不会受到感染，课堂气氛也不会被调动。

（3）人际关系。人际关系指的是师生之间、学生之间，以及教师之间的人际关系等。这些复杂的人际关系共同作用就形成了体育教学人际环境，人际环境会影响到师生，也就会进一步影响体育教学的效果。所以，体育教学需要注重人际关系的处理，处理好人际关系之后，师生都能以轻松愉悦的心情去参与教学，这样教学质量也能得到更好的保障。

学生之间的人际关系也会影响到体育教学工作的开展，不同的学生个体成长环境不同、兴趣爱好不同、知识水平不同，这些差异必然会导致他们之间的交往体现出一定的复杂性。

分析当下高校的人际关系可以发现，师生之间的人际关系是非常重要的一种，它会对学生心理产生直接影响或者重要影响，基于这一关系的重要性，高校应该要求教师注重自身品德素质的提升，注重自身情绪的稳定，这样才能为教学制造更优秀的氛围，才能为教学效果的提升做出更好的保障。

第三节　高校公共体育教学的教师发展

一、高校体育教师的专业理念

"高校公共体育教师是体育教育的执导者，对体育教学起到引领的重要作用。"[①] 从一定程度上来说，专业理念可以决定体育教师在课堂上的教学行为，也就是说，它可以指导体育教学活动的开展。一名合格的体育教师，其必须要具备以下专业理念：

（一）审视教育改革下的师生关系

教师是教学系统的一部分，在时代发展过程中，外部环境推动了教学系统的变革，这也让教师这一教学要素发生了改变。

中国当前的教育改革要求教学应该以学生为中心，这就要求教师必须转变固有教学理念，从学生学习的实际出发制订教学计划，选择教学策略。教师在教学过程中，要重视学生，积极引导学生参与到教学活动中来，注意培养他们学习探究的兴趣。更重要的是，培养学生分析、解决问题的能力。

在新的教学要求下，教师要采取一切可行的办法激发学生的能动性，让其自主探究，而不是习惯性地接受教师的指导。

（二）正确教学观念的树立

与其他学科相比，高校公共体育学科在教学方面有着自身的特征，主要包括教学场地的开放性、教学内容形式的技艺性、教学方法的直接性、身体练习的负荷性，其中最显著的差异体现在教学内容的技艺性上。

因此，高校体育教师在教学中不应该只是单纯地传授给学生运动技能，而是要对学生进行全面的培养，培养学生正确的体育观与价值观，从而让学生养成良好的运动意识与运动习惯。只有这样，学生才能更加深入地认识与了解体育运动，同时也能更加热爱体育运动。

---

① 郑志彬，袁雷，俞大伟. 高校公共体育教师的"导学"理念 [J]. 体育学刊，2017，24（5）：102.

二、高校体育教师的专业知识

教学如果被看作一种专业，那么，教师首先需要具备较为扎实的专业知识、较高的教学能力，同时，教师还要具备怎样教授这些知识的能力。体育教师的专业知识决定了其教学能力，也是其个人素质的一个不容忽视的要素。值得一提的是，专业知识并不是固定不变的，它总是随着教师自我经验的不断丰富而发展变化。体育教师的专业知识与专业技能主要包括以下内容：

（一）科学文化知识

体育是一门综合性学科，它交叉了不少学科，例如教育学、心理学等，这就拓展了体育学科的范围，同时也给体育教师提出了较高的要求，要求体育教师不仅要了解体育学科的知识，而且还要了解相关学科的知识，最重要的是，教师还要具备能将所有知识整合起来的能力。

体育教师必须要清楚的是，体育教学的任务绝对不仅仅是增强学生的体质，还应该着眼于对"人"的塑造。也就是说，在体育教学过程中，教师要体现出对学生的"人文关怀"，而这不是体育学科知识与技能知识所能满足的。

所以，这就要求体育教师不仅要成为运动知识与技能的传授者，而且还应该成为学生人生道路上的引路人。教师要具备丰富的知识，并且能将这些知识较好地运用到课堂中，这样才能获得学生的信赖与尊重，同时也能让学生了解到更多的知识，充实其知识体系与结构。教师所具有的丰富的知识是其自身素养的基本要求，是每一位体育教师都应该具备的。

（二）教育专业知识

教师之所以要了解心理学、教育史以及各种教学方法是因为：第一，借助这些学科知识，教师可以了解学生在课堂上的反应，从而根据学生的学习反应制订后续的教学计划；第二，这些知识都是被人所验证过的科学的知识，在教学中，教师可以利用这些知识指导学生。

对于体育教师来说，他们不仅要掌握体育专业知识，而且还要学习一些教育专业知识，通常来说，体育教师需要了解的教育专业知识主要包括以下两个部分：

（1）一般教育学知识。一般教育学知识的内容非常广泛，不仅涉及教育基本理论、教育心理学，而且还包括教育社会学、教育科学研究等。

任何一门学科的教师都需要掌握这些知识，体育教师也不例外。

（2）体育学科教学知识。体育学科知识系统性强、专业性强，有一些基础理论知识，同时还包括一些技能知识。对于体育教师来说，不仅要在体育课堂上教授学生体育基础理论知识，而且还要在体育实践课堂上教授学生体育技能知识。

教学是一个复杂的活动，教师如果想要更好地完成教学任务，就必须要掌握丰富的专业知识与技能。体育教师与其他学科的教师有着显著的差异，他们不仅要掌握扎实的理论知识，而且还要具备良好的运动技能。理论知识的讲授相对来说比较容易，运动技能的传授就没那么容易，需要教师亲自示范。

三、高校体育教师的信息教学素养

（一）高校体育教师信息素养的表现

在信息社会中，人们应该具备信息意识以及操作信息技术的能力。体育教师应该具备的信息素养主要包含以下方面：

第一，信息意识。信息意识是信息素养中不可或缺的部分，它实际上就是人们在信息活动中产生的观念、认识的总和。教师的信息意识主要指教师的信息敏感度，身为教师要具有敏锐的观察力与持久的注意力，可以及时发现有效信息，并且将这些信息进行整合，充分发挥其作用。教师只有具备良好的信息意识，才能敏感地感知信息，主动地挖掘信息，充分地利用信息。信息意识是教师发展其他信息素养的基础，也是教师开展信息化体育教学的前提，如果没有信息意识，那么其他的信息素养以及信息化教学就无从谈起。

第二，信息知识。信息知识是构成信息素养的重要部分，它主要指与信息相关的知识内容。信息知识的范畴较广，既包括信息的基本知识，如信息理论知识、对信息与信息化的理解、信息化方法等；也包括信息技术知识，如信息技术原理、软硬件知识、对信息技术发展的认识等。要想开展信息化教学，教师就必须掌握充足的信息知识，并且要不断更新自己的知识库，始终保持学习新知识的状态。

第三，信息和课程整合能力。信息和课程整合能力是指教师能够按照具体的课程，遵循合理的教学原则，借助各种信息技术来设计教学活动，以此提升教学效果。只有具备了信息和课程整合的能力，教师才能将各种不同的信息技术与具体的课程优化组合，使信息技术完美地融入课程教学中，充分发挥其积极作用，进而从整体上提升教学质量。

第四，信息伦理。信息伦理也是信息素养的重要内容，它主要包括信息安全与信息道德两个方面。信息伦理要求教师在获取信息、利用信息以及传播信息时要遵循伦理规范，不能伤害其他人以及社会的合法权益。因此，教师必须了解一些与信息安全相关的、防范计算机病毒、抵制计算机犯罪的知识。在信息化教学中，教师还要具备良好的信息道德，首先要保证教学内容的科学性、合理性，其次要尊重他人的知识成果，不能随意盗用。

信息素养的构成部分既相互独立，又具有一定的联系。通常情况下，信息意识的加强可以提升信息技能的水平，反过来信息技能的提升也会促进信息意识的增强；信息技能的提升可以促进信息安全的发展，反过来信息安全意识的增强又能促进信息技能的发展。

（二）高校体育教师信息素养的特点

信息素养是人们在解决问题时所表现出来的综合素质。也就是说，人们发现问题、分析问题、收集信息、寻找方法和工具、制订解决问题的方案、评价问题直到最终解决问题的全过程都体现着自身的综合信息素养。具体来看，信息素养包括以下特点：

第一，综合性。信息素养具有综合性，它是人的基本素质之一，体现在多个方面，主要是指人在解决问题的过程中表现出来的综合能力。信息素养不只与信息知识、信息技术、信息能力相关，它还与具体的问题相关。通常，信息素养越高的人解决问题的速度越快、使用的方法越有效。

第二，形成的长期性。信息素养具有长期性，也就是说，信息素养的形成需要长时间的积累与练习，不是短时间内就能轻易形成的。要想具备良好的信息素养，就必须不断地解决问题，并在此过程中学习知识、掌握知识、锻炼技能，长期的、大量的、反复的练习是提升信息素养的有效方法。此外，还要进行一定的总结与反思。

第三，解决问题的灵活性。信息素养要求人们在解决问题的过程中具备一定的灵活性。一般来说，一个问题的解决实际上有多种方案，同时实施方案的具体方法也有很多，具有良好信息素养的人可以根据具体问题快速找到问题核心，进而灵活地组合使用解决问题的方案与方法，更快、更好地解决问题。

第四，创新性。信息素养具有创新性，通常，人们在解决问题时会产生新的想法、形成新的思路，进而探索出新的解决问题的方法，这就是信息素养创新性的主要体现。具有良好信息素养的人往往能够综合考虑问题的多个方面，找到新的解决问题的路径，进而更加高效地解决问题。

（三）高校体育教师信息能力的提升策略

1. 国家宏观层面的支持

（1）加强资源建设，发展交流平台。高校不应该闭门造车，而是应该以开放的眼光看待教师信息能力提高的问题。一方面，可以向其他国家高校学习先进的教学信息化经验；另一方面，要进一步加强与企业的合作，借助企业的研发力量，为高校提供信息化教育平台，同时，利用这些信息化教育平台，教师还能完成更加高效的互动，彼此之间可以共享教育资源；还要为教师建设资源库，资源库的建立要结合教师的实际需求。

（2）转变建设思路，整合系统资源。当前，高校教学信息化建设还有很长的一段路要走，教学信息化必须要突破教学组织的壁垒，改变原有的教学信息化建设思路，在紧抓软硬件资源的基础上，加强教师的理论培训，优化各教学组织的职能，从而形成更为科学的教学信息化建设方案；要真正打破原有教学的思维惯性，从根本上提高教学的质量，使信息技术可以全方位融入高校教学中；不少高校在建设过程中依然选择以理论建设为核心，这显然是非常错误的，可以选择一些在教学信息化建设过程中有着不错成果的高校，将他们的先进经验推广开来，从实践出发，让其他高校了解建设不应该只着眼于理论层面，而是要回到应用与创新上。

2. 教育行政部门层面的转变

（1）转变观念，认识到信息素养教育的紧迫性。人的行为总是会受到思想的指导，因此要真正提高教师的信息能力水平，就必须要让教师从思想上重视这一问题。教育信息化改变了传统的教学环境，让教学环境得以真正优化，教师在优化的教学环境中能够更加自如地践行自己的教学理念。信息技术与体育教学实现融合是时代发展，也是体育教学发展的趋势，各教育主管部门必须要清醒地认识到这一问题，认识到体育教师在这一过程中的重要作用，从而采取一切手段转变教师的教学理念，提高教师的信息能力。

（2）为教师信息技术水平的提高创造条件。教师在上岗之前会接受很多的培训，但是当教师真正上岗之后，还要面对繁重的教学任务，接受培训的机会并不多。但随着教育信息化进程的不断推进，教师必须要逐步提高自己的信息能力，这就要求高校在对教师进行信息素养培训时可以从教学的实际出发，采取更加灵活的方式。一般来说，对在职教师进行培训的方式主要有以下四种：

第一，专业进修。这种方式是教师为了获得更高的学位或者专业水平而参与的进修活动，由于是涉及专业内的一种培训，所以一般培训的内容都比较系统，且有一定的难度。并不是所有的教师都会接受专业进修，也就是说，这种培训方式并不具备一定的普遍性。

第二，短期培训。这种培训活动一般都是由各地方院校以及教育管理部门共同牵头的，培训的范围比较大，但是培训的时间并不长。比如，由当地教育主管部门组织的所属地域范围内的各大高校骨干教师培训就是短期培训的一种形式。

第三，校本培训。这是在本校范围内进行的一种培训活动，通常是在教师寒暑假或者周末进行。这种培训的模式也是多种多样的，可以是专题讲座，也可以是教学观摩等。培训的内容比较有针对性，同时还具有很强的实用性，又因为可以将信息技术与体育课程有效结合起来，所以，培训的效果一般非常好。

第四，自发研修。这是教师自发进行的提高信息技能的活动，教师在闲暇时间可以阅读与教育信息技术有关的专业书籍与期刊，也可以参与一些与信息技术有关的研讨会。同时，还可以积极参与信息技术教研活动。

通常情况下，在具体进行教师信息技术培训时，需要做到三方面：①健全教师信息技术培训体系。教师信息技术培训工作是一个长期的工作，它必须要贯穿在教师职前与在职的每个环节中，既要在教师没有到岗之前对其进行信息技术基础知识的培训，也要在其到岗之后，对其进行较为全面的信息技术培训以及信息技能提高培训；②丰富教师信息技术的培训内容。教师信息技术培训不能着眼于表面，仅仅对教师进行信息技术理论知识与基础技能操作的培训，而是应该结合体育学科的特点以及体育教师的实际需要，对其开展有针对性的培训；③完善教师信息素养评价机制。教师信息素养培养工作需要监督与考核，才能确保顺利开展。教育主管部门应该重视对教师信息素养的评价，建立相应的评价机制，评价机制不能像过去一样重视教师通用信息技术的掌握情况，而是要重视教师进行技术与课程融合的能力。通过评价，教师可以进一步认识信息技术，并能逐步加深对信息技术与课程融合的了解。同时，教师还要将自己的情况积极进行反馈，从而使评价机制能够更加完善，教师也能够在提高自我信息素养方面有着更加科学的指导。

此外，要充分利用一切可以利用的渠道，对教师信息素养培养的过程进行关注；还要调动其他部门的力量，运用远程教育手段共享教育资源，使不同高校的教师之间可以进行友好互动与交流。

3. 高校层面的推动

（1）建立专门机构，推动专业发展。在信息时代背景下，学校体育教学也必然有其发展的趋势——教学信息化。国外在设置教师教学发展体系方面有着较为成熟的经验，所以我们可以借鉴国外先进的经验，在结合中国教师培养实际的基础上，创新出适合自己的教师培养模式。为了进一步推进教学改革，提高教学质量，高校要形成为教师服务的意识，整合多方教学资源，建立良好的培训机制，建立教师发展中心，并能有一个专门的机构掌管教师工作，使教师获得更加高效的服务，同时，其信息素养培养也会更加科学。

第一，突出服务意识，引导教师的教学行为。教师教学发展中心在给教师提供服务时不能想当然，而是要从教师的实际需求出发，一方面，每个教师都是不一样的，在教学理念、模式等方面有着显著差异，这就要求教师教学发展中心可以向教师提供个性化教学咨询服务，邀请一些在教育领域有影响力的专家坐镇；另一方面，对于那些在教学过程中尽了力却没有获得理想的教学效果的教师，要为他们建立档案，根据教师教学效果不佳的原因有针对性地对教师进行帮扶，最好可以深入教师的课堂，从而从实际出发为教师提供教学的可行化建议。

第二，整合统筹教学资源，通过教学交流和教学研究提升教师教学能力。教师教学发展中心必须要明确自己的地位，在此基础上要赢得学校的支持，然后在学校各部门的配合下推动教师发展工作，从而有效保证教师间的互动与交流。教师教学能力提升的一个关键在于教师自身的反思，教师教学中心也应该认识到这一问题，在教师专业发展理论的支持下，在教师课堂教学实际情况的基础上，创新教学介入模式，让教师可以全面地对自己的教学过程进行审视，从而使其可以更加了解自己的教学优势与不足。高校还可以为教师组织一些教学研讨会与咨询会，让教师彼此之间进行交流，从而使其可以从别的教师那里了解教学信息化的其他方法，促进自身能力的提升。

第三，实行灵活多样、长期有效的培训机制。教师教学能力的提升除了需要教师自觉加强教育教学知识的学习之外，还需要加强对新、青年教师的培训。高校必须转变固有的培训观念，在借鉴其他高校培训经验、结合本校教师实际情况的基础上探索新的培训模式，从而进一步丰富培训模式体系，让教师可以获得更加丰富的培训体验。

从培训内容上来看，在职前要重视对理论知识的培训，而到职后，则需要对实践加强培训；从培训方法上来看，要根据每个教师的特点对其进行分组，这样就让问题有了针对性，可以对每组有着同样问题的教师开展针对性培训，有效提高培训的质量与效率。

要将传统培训与网络培训有效结合起来，高校要充分利用互联网，为教师构建一个高效的培训平台，这样教师不仅可以在线下接受培训，也可以在线上接受培训，同时，一些教师在线下不敢提出的问题，在线上也可以随意提出。

高校还要为每一位教师建立成长电子档案，及时掌握教师的培训轨迹与实际情况，从而根据教师的实际，制订后续的培训计划。

（2）健全评价体系，保障激励机制。

第一，建立合理的教师评价制度，完善指标体系和反馈程序。过去，教师评价制度比较单一，无法确保评价的科学性，因此，要从多角度出发，结合本校教师与学生的评价，进一步完善教师评价制度；要重视对教学质量评价指标体系的研究，要认识到教学是一个复杂的活动，其中的每一个要素的变化都会带来整个教学系统的变化，因此，要对教师、学生、外部环境等教学要素进行重点分析，并在此基础上制订更加合理的量化评价指标；还要加强评价结果的反馈，这样教师就能认识到自己在教学过程中存在的不足，进而在后续教学过程中进行调整与改善，保证教学的质量。

第二，建立良好的激励支持环境系统。高校应该借助信息技术为教师构建一个良好的教学环境，还要为其建立一个可以相互交流的学习平台，这样就为教师教学能力的培养与提高提供了坚实的物质基础。同时，高校还应该加大信息化硬件设施的投资，将那些能够促进教育信息化发展的信息技术设备引入校园之中，还要加大对校园信息资源的优化，从而使信息化资源可以获得科学的管理；在总结教学现状的基础上探析教育教学规律，并在校园内为学生营造一种自主学习氛围，更要为教师之间的互相学习提供方便，让他们可以在信息交流平台上完成教学资源的共享与交流。

（3）促进科教融合，引导教学创新。在信息技术的辅助下，知识的更新速度变快了，这就要求教师可以时刻在专业知识学习方面保持较强的渗透性与前沿性，能时刻把握专业知识的研究轨迹，要从学术角度对专业知识予以把握，这种对学术研究成果进行把握与总结的活动就是一种学术活动。同时这也表明，教师的教学活动必须要与教学的学术性要求相一致，可见，教学不仅是一种单纯的教师教—学生学的活动，它还充斥着大量的学术成果的应用。将教学与科研结合起来就是科教融合，科教融合是十分重要的，它实现了科研成果向应用的转化，同时还有助于教学模式从以教师为中心向以学生为中心发生改变，更重要的是，它在提高教学质量的同时，还进一步丰富了学术研究的成果体系。

第一，努力推进教学与科研的互动机制，增加教师的科研活动。教学研究活动也是促进教学发展的一个有效利器，在研究成果的催化下，教师的教学观念发生了巨大的改变，教师的教学内容与教学方法也同时变化显著，这些教学层面的变化深刻影响了学生的学习，学生的学习方式也因此发生了变化。科教融合是一个将科研与教学有效融合的手段，高校既重视教学，又重视科研，因此，要求教师可以将科研与教学融合起来，实现二者的相互影响、相互作用，这样教师可以将科研成果应用到教学中来，教学实践也可以给予教师以科研思路与启发，从而确保教师可以完成更好的教学研究。在进行教学与科研活动时，要鼓励教师积极使用信息技术，从而促进教学与科研的发展与进步。

第二，积极整合课程研究与信息技术，创新教学模式。教师要摆脱原有的传统教学理念，将先进的、科学的教学理念融入教学中，还要根据学生的需求转变教学结构，在教学的每个环节中尽量使用信息技术，为学生营造真实的、有趣的情境，从而在较大程度上激发学生的积极性；虽然信息技术与课程整合并不容易，但是高校要积极鼓励教师进行这一方面的工作，努力探索整合的规律；在信息技术与课程整合的过程中，教师可以获得更为先进的教学理念，同时也能探索出更加适合学生的新的教学模式。

第三，集中建设、推广应用精品在线开放课程。高校应根据教育部的相关政策，将精品在线开放课程引到教学中，并在分析本校教学实际的前提下，在本校内部推出一批优质的精品课程，当这些课程被推出来之后，高校就可以组织教师进行观摩与交流，这样就让教师了解到了信息技术在教学中的重要性，同时也认识到了精品课程与信息技术相结合的"威力"。

4. 教师自身层面的发力

（1）提高高校教师对信息技术的绩效期望。信息技术能够满足教师应用信息技术改善教学的需求，这就是绩效期望，一般来说，绩效期望可以极大地影响教师运用信息技术开展教学活动的意愿。

第一，让高校教师融入信息技术的环境。高校应加大资金投入，从整体上提高全校的信息化办公水平，让教师感受到信息化带来的便捷，还要组织教师参观那些在教学信息化方面做得好的学校，让他们与这些学校的教师进行深入交流，从而了解别人优秀的教学经验，这对于提升自身教学能力至关重要。

第二，贴合高校教师需求的技术研发。研发部门在进行技术研发时当然要考虑世界技术发展的趋势，考虑国内外教育发展的趋势，但是，每个地区、每个学校的教育情况是不一样的，不能一味地去与世界趋势相一致，而忽略了教育的本土化特征。而是应该在考虑本地区、本校教师实际需求的情况下进行技术的研发，这样研发出来的技术才能在课堂上发挥巨大功效。

（2）提升高校教师对信息技术的努力期望。信息技术在教学中的应用变得相对容易，教师使用信息技术的意愿就会变得强烈，这就是努力期望，它同样也会影响教师对信息技术的使用意愿。

第一，简化高校教师对信息系统的操作程序。教师在使用信息技术进行办公、教学的过程中，可以感受到信息技能操作是在自己的可操作范围之内的，这就说明教师达到了信息技术的努力期望。高校教师所使用的信息技术应该尽量简洁、易操作，同时在内容上也要更加趋于智能化。

第二，建立高校相关技术和学术指导部门。建立这一部门的主要目的是对教师进行有计划的培训与指导，这样才能保证教师培训的有效性，同时也能有助于提高教师的信息能力。在培训过程中，相关部门必须要创新培训模式，可以采用互帮小组、学术沙龙等形式开展培训，一方面，这能够增进来自不同高校的教师间的了解，另一方面，还能让教师获得从不同视野看问题的能力。在相关部门的指导下，在教师自己的努力下，他们将会更加容易掌握信息技术，并能在课堂教学中高效完成应用。

（3）改变高校教师对信息技术的社群影响。教师周围的同事与朋友等使用信息技术的行为与感受对其所产生的影响就是社群影响，而且这种影响也特别显著。因此，高校可以经常组织教师畅谈使用信息技术的心得，这样教师就能从别人那里了解其使用信息技术的感受，如果别人的使用感受不错，教师也会自觉地去接受信息技术，在课堂教学中使用信息技术。

第一，从高校层面建立有效的奖励机制。高校应该建立一套完善的奖励机制，鼓励教师进行基于信息技术的教学方法革新，对于取得创新成果的教师，可适当给予其一定的资金鼓励，这样教师不仅获得了科学研究的乐趣，而且还能在物质上获得满足，此后，教师势必更加愿意在教学中应用信息技术。

第二，建立有关信息技术的学术沙龙。高校可以将对信息技术在教学中的应用这一问题有兴趣的教师集合起来，建立一个相关的学术沙龙。教师可通过商量确立每周或每月在哪一个具体的时间举行交流会，并可在交流会上探讨自己在应用信息技术过程中出现的问题，也可以展示自己信息技术应用的成果，从而实现彼此间的积极影响。

（4）增强高校教师对信息技术的自我效能感。教师利用信息技术完成教学的自信程度就是自我效能感，效能感越高，教师认为自己利用信息技术完成教学的信心就越强。要想提高教师的自我效能感首先就是要让教师全面掌握有关信息技术的知识，提高其信息能力。高校要注意加强对教师进行信息技术知识与技能方面的培训，从而使教师可以坚定自己可以在教学中高效运用信息技术的信念。

第一，提高高校教师的信息意识。通过阅读与信息技术相关的书籍，教师是可以提高自己的信息意识的，高校应该开放图书馆的所有资源，同时利用电子图书馆为教师提供实时指导，这样教师就能随时随地学习信息技术知识。

第二，提高高校教师的信息技能。教师信息技能的获得与提高必然要从实践中来，教育管理部门与高校要多为教师提供培训的机会，不仅要培训他们信息技术理论知识，而且还要给予他们实操的机会，在实践操作中教师的信息技能才能得以提升。

第四节 高校公共体育教学的评价设计

一、高校公共体育课程教学评价设计的意义

"教学评价在一定程度上发挥绩效评估功能，只有充分了解评价对象、内容、主体、标准、方法和评价理念，才能实现评价活动的效果，保证高校公共体育的教学质量，促进高校公共体育教学管理科学化，推动高校公共体育教育的发展。"[①]科学合理地对学校体育教学评价进行设计有着十分重要的意义，具体表现在以下方面：

（一）利于学生的发展

高校公共体育教学评价设计对学生发展的促进作用，主要是通过以下三个方面表现出来的：

第一，科学的体育教学评价设计能够帮助体育教师更加准确地了解学生的体育学习与掌握状况，以及所存在的问题，继而有针对性地调整或改变体育教学的方法、策略等，以确保学生能够切实掌握所学习的体育知识与体育运动能力等。

第二，科学的体育教学评价设计能够帮助学生清楚地了解自己在体育运动方面的好坏优劣，并在此基础上"对症下药"，及时对自己的不足进行矫正，以切实提高自己的体育运动能力。

第三，科学的体育教学评价设计能够激发学生参与体育运动的积极性和主动性，提高学生参与体育运动的自信心。

（二）利于教学水平的提升

在开展高校公共体育教学评价时，对体育教师教学水平的评价是一项十分重要的内容。因此，科学地设计体育教学评价，对于体育教师教学水平的提升也有积极的意义，具体表现在：科学的体育教学评价设计，能够

[①] 曹小芬，曹庆荣. 普通高校公共体育课程教学评价的影响因素分析 [J]. 赤峰学院学报（自然科学版），2016，32（22）：102.

帮助体育教师进一步明确自身的职责，继而更有责任感地开展体育教学活动；科学的体育教学评价设计，能够帮助体育教师切实明确体育教学的方向以及指导思想，并在此基础上选择更为恰当的教学策略和教学方法，确保体育教学工作的针对性、有效性和创造性；科学的体育教学评价设计，能够帮助体育教师准确地把握自己的教学优势和不足，继而有针对性地进行弥补。

（三）利于体育教学的改革

高校公共体育教学评价的结果为体育教师判定体育教学状况提供了大量反馈信息，因而通过体育教学评价的结果，体育教师可以及时发现自己在教学工作中的不足。通过对不足的分析与研究，体育教师可以提出改革体育教学的方案与措施。如此一来，体育教学改革的步伐便会进一步加快，并能不断取得良好的成效。从这一角度来说，体育教学评价设计能够促进体育教学改革的有效开展。

二、高校公共体育课程教学评价设计的原则

高校公共体育教学评价也是体育教师在教学中的工具之一，而体育教师要想充分发挥这一工具的作用，必须遵循以下六个原则。

（一）方向性原则

高校公共体育教学评价设计的方向性原则，指的是在设计体育教学评价时，要确保其能够引导体育教学向着正确的方向发展。在进行体育教学评价设计时要特别注意以下三个方面：

第一，设计的体育教学评价，要能够为体育教师的教学工作指明前进的方向，即所设计的体育教学评价，要有助于体育教师全面贯彻体育教育方针。在对体育教学规律进行深入探究的基础上，改进体育教学理念，总结体育教学经验，明确优势与不足，不断提高体育教学质量和水平。

第二，设计的体育教学评价，要能够为学生的体育学习指明前进的方向，即所设计的体育教学评价，要有助于学生明确自身在体育学习方面的优势与不足，确保学生的体育运动水平能够得到有效提升。

第三，设计的体育教学评价，要有助于体育课程的进一步建设，同时体育教学的领导工作要明确进一步发展的方向。

（二）整体性原则

高校公共体育教学评价设计的整体性原则，指的是在设计体育教学评价时，必须要确保从整体出发，全面、全过程地进行评价，并要确保评价的内容能够涵盖体育教学的各个领域和体育学习的各个层面。

第一，涉及不同的角色，即学生、教师和宏观的体育教学工作，它们彼此既各自独立又相互联系。

第二，用发展的眼光看待评价对象，并要通过历史性对比来把握其发展状况，促进其不断发展。

第三，注意将体育教学融入社会生活的整体中去评价，这对于体育运动的健康发展是有一定帮助的。

（三）差异性原则

每一所高校的发展状况及其所拥有的体育运动发展条件是不同的，而且每一个体育教师都有独特的个性，每一个学生也有着自身鲜明的个性。这就决定了在设计体育教学评价时要遵循差异性原则，以确保评价的客观性和有效性。

（四）科学性原则

高校公共体育教学评价设计的科学性原则，指的是在设计体育教学评价时，要确保其符合体育教学的规律，符合学生的身心发展特点，并能体现体育课程的特点，体现体育课程标准的性质和价值。因此，在设计体育教学评价的目标时，要尽可能全面、客观、准确，并要合理地确定评价指标权重，以确保评价效果有较高的信度和效度。

（五）发展性原则

教与学的过程是一个动态发展的过程，在这一过程中，教师的教学观念、教学方法、教学手段等会不断更新，学生的身心也会不断发生变化。基于此，在设计体育教学评价时必须要遵循发展性原则，要用发展的眼光来进行体育教学评价。

（六）可操作性原则

高校公共体育教学评价设计的可操作性原则，指的是在设计体育教学评价时，要确保所设计的评价指标、评价方法等是简便、明晰，易于操作和推广的。不具备可操作性的体育教学评价，既不能充分发挥自己的作用，也无法在促进体育教学发展、提高体育教师的教学水平、提升学生的体育运动水平等方面发挥积极的作用，还可能会导致体育教学评价无法顺利开展。

第四章　高校公共体育课程实践
——篮球

第一节　篮球运动对高校体育的影响

篮球运动在传入我国后便以它独特的魅力和良好的运动价值得到迅速的传播和发展，具有较好的群众基础，而且篮球运动一直是高校中最普遍最受欢迎的体育运动之一。篮球运动是个团体项目，需要球员不断地拼搏、努力创新，需要队友间的团结协作，对手间的相互尊重、互相超越，需要对裁判和规则的尊重和遵守，这些要求和信念都植入篮球队员和啦啦队员的思想中，这些精神文化元素也是校园精神文化建设的核心。

一、篮球运动对大学生体育道德的影响

第一，篮球运动对大学生集体主义品质的影响。众所周知，篮球运动是一个集体项目，需要队员之间的分工协作和密切配合。在比赛中每个团队代表的是某个组织、某个班级、某个院系等，所以在比赛时，运动员代表的不仅仅是个人的荣誉，更代表着背后的组织，这是集体的荣誉。这就使运动员在比赛过程中会更加注意团队的配合，不会出现个人表演秀或单打独斗的现象，当队员完全投入到激烈的比赛中时，观众以及啦啦队也会融入比赛中，一起为自己所支持的运动员、团队呐喊助威，提高团队的士气，给予运动员精神上的支持和鼓励，促使运动员取得更好的成绩。在新生杯或者毕业杯比赛时，也许啦啦队甚至球员与球员之间都不认识，但是身为同一院系的学生，在比赛中自然而然地因为为自己的院系努力、拼搏、加油助威而从陌生变得熟悉。

第二，篮球运动对大学生公平竞争品质的影响。任何体育赛事都要以

"公开、公平、公正"作为比赛的基本准则。篮球运动也不例外。公平竞争的精神品质不仅是指在比赛中倡导"公开、公平、公正"的行为准则和竞赛道德,同时也指在比赛中不畏强敌、敢于竞争、敢于胜利的优秀品质。篮球运动有利于培养大学生的公平竞争心理和意识,能培养和激发大学生的雄心壮志,还能培养他们的体育道德和竞赛道德,使其在比赛中公平、公正,尊重裁判、尊重对手。

第三,篮球运动对提高大学生组织纪律性的影响。在学校篮球比赛中,参与的人数较多,但是上场的人数有限,所以这就要求球员必须有一定的组织纪律性,服从组织的安排。而且队员虽然来自同一个院系,但是可能来自不同的班级,一个新建的队伍要加强团队协作,每个人都要有组织纪律性,按时到场,认真训练。除此之外,啦啦队也是篮球比赛的关键人物,每场比赛按时到,为比赛做出自己最大的贡献。

二、篮球运动对大学生体育精神的影响

第一,篮球运动对大学生创新精神的影响。创新是现在社会必不可少的一种能力,在科技飞速发展的今天,任何事情都离不开创新,不懂创新的人就只能等着被淘汰。篮球运动也是如此,篮球运动基本战术的选择和应用是一个主动性和创造性的学习过程。在篮球赛场上,赛场的形势、对手的战术以及球员的位置都是不断变化的,这就要求球员要充分发挥主观能动性,开动脑筋,积极思想,努力创新,在短时间里想出破解对方进攻的方法并迅速反击。篮球场上技术、战术的多变性和复杂性都有利于提高学生的反应能力和创新能力。

第二,篮球运动对大学生拼搏精神的影响。在经济快速发展、物质环境十分优越的今天,许多大学生都是独生子女,是温室里长大的花朵,经不起丝毫的风吹雨打,碰到挫折就会立马放弃或者求助于他人,遭受失败就只会怨天尤人。体育运动是一项培养学生顽强的意志和不屈不挠的拼搏精神的项目。篮球运动是校园体育活动的重要组成部分,是培养学生顽强拼搏精神的平台。在众多运动员百发百中的背后是无数次的失败磨炼出来的,学生在通过对手层层防守进球得分,在其过程中和背后都经历了众多磨炼和挫折,他们敢于面对挫折和失败,更敢于在激烈的对抗中顽强地拼搏,在面对强劲对手时永不放弃、勇攀高峰的队员不胜枚举。

第三,篮球运动对大学生协作精神的影响。篮球运动是一项团体项目,它需要各队员相互鼓励、相互支持、密切配合、团结协作。在篮球运动中,

哪怕一个人的实力再强，如果缺乏团队配合和协作，那么该团队也难以赢得比赛。在篮球比赛中既要发挥个人特色，又要注意团队合作，将个人的力量融入团体中，让团队的力量发挥到最大。所以篮球运动能够很好地培养学生团结协作的体育精神。

三、篮球运动对大学生体育知识的影响

体育知识是人们对体育项目与活动的认识与了解的成果。目前大部分高校针对非体育专业大学生开设了体育公选课，但是每周的课程太少、时间太短，学生光靠课堂上所获得的体育知识是远远不够的，而且在课堂上所获得的是理论知识和技术知识。对篮球运动感兴趣的学生会对体育赛事、体育新闻等各种体育知识感兴趣，他们会通过电视、广播、互联网等各种方式获得体育知识，在吸收篮球知识的同时还会顺便关注与篮球相关的体育知识。除此之外，在观看篮球赛事时，啦啦队与观众也能对篮球比赛规则有一定的了解。所以，篮球运动不仅拓宽了学生的知识面，还能丰富学生获得体育知识的渠道，激发和培养学生的体育兴趣和意识。

四、篮球运动对大学生体育风尚的影响

体育风尚就是盛行的体育习惯、风气，其中包括体育人口的比例和体育锻炼自主程度。体育人口，指经常从事身体锻炼、身体娱乐，接受体育教育、参加运动训练和竞赛，具有统计意义的一种社会群体。篮球运动在高校具有良好的群众基础，几乎每所高校都有开设篮球体育课程，而且每所高校的篮球场地也较多，包括室内的和室外的，只要不是雨雪天气，篮球场上都会有较多的学生进行篮球运动，尤其是春秋季节和夏天的傍晚，场地比较紧俏，这不仅有利于篮球运动价值的体现，同时也有利于校园体育人口的增长。与此同时，由于良好的篮球文化习俗，以及篮球本身较好的群众基础，学生参与锻炼的自主程度较高，有利于浓厚学校体育锻炼氛围构筑，形成良好的体育风气。

五、篮球运动对大学生体育目标的影响

体育目标，就是体育所要达到的境地和参与体育工作所要努力的方向。正确的体育目标，会带给参与者一定的动力，激发他们参与体育锻炼的热情，体育锻炼的效果也会事半功倍。高校大部分参与篮球运动的学生是为了培养自己的兴趣爱好，另外还有锻炼身体、增强体质、丰富课外生活、

调节情绪、缓解压力等各种个人目标。通过篮球运动，大部分个人目标都能实现，也就是说通过篮球运动，在实现个人目标的过程中能够得到成就感和满足感，在一定意义上能促进学生身心的协调发展。

六、篮球运动对大学生体育观念的影响

体育观念是人们对体育在健身、娱乐、审美，以及在心理素质、道德、智力培养等方面所体现出来的价值的认识态度，良好的体育观念对人们采取怎样的体育行为起着指导性作用。体育的价值不是简单地促进身体健康，其价值远远不仅于此。篮球运动不仅有促进身体健康的价值，而且有娱乐、调节情绪、缓解压力、加强人际交往等其他方面的价值。

此外，篮球运动还能促进智力的发展。体育的众多项目都需要手脚配合的协调能力、较快的反应能力。特别是篮球运动，在球场上要根据篮球方向选择正确的位置，以及根据战况选择合适的战术，这都需要运动员及时地做出选择和判断，这对人的智力以及神经系统的发展都有一定的促进作用。

篮球运动在高校开展有其独特的意义和价值，它不仅能够提高大学生身体素质，强身健体，同时还能提高学生的心理素质和综合能力素质，为学生终身体育意识的形成奠定良好的基础。当然篮球运动在高校开展的价值和意义不仅仅只针对学生，同时还对校园体育氛围的构筑，校园体育精神文化的构建，校园体育风气的形成等各方各面都有良好的促进作用。

第二节　高校篮球教学的创新理念

一、教学理念及其对教师的影响

教学理念是在特定的时期内，关于教学活动的信念、态度和观念，是教育者们用什么样的方法和观点来进行教学，也是对受教者传授什么样的观念来使其接受教学。

篮球教学方面的相关理念主要指教师针对这部分体育教育内容进行讲解的观念性指引，是教育主体贯穿教学过程的连续性线索部分。同样篮球教学也体现着不同教育年限教师对相关学科的经验积累，是在最初历史阶

段教育行为基础上经过内容改造而成的，其中包含着对体育类型教育活动的整体和具体细致部分的看法观点。各科目的教学理念都对教师的具体讲解行为和知识传授过程有指引性影响的效用，只有教育活动中涉及的各主体对其有更深层次的了解把握，才能有更多的人为篮球教学运动提出想法和意见。

在相关学科的整个教育活动中，教师是知识讲授顺序的调整者，固定时间的课堂教育氛围能否实现有效成果的显示与教师的指引性行为有较大联系。

良好的教学理念可以给教师带来成就感，成就动机就是指个人认为有价值或重要的工作，不仅愿意做，还能达到更好的效果。简单来说，成就感就是要取得优异成绩的欲望。我们把这种欲望理解为成就感，成就感是一种力量，可以驱使实现人们认为值得但是并非有利益的东西。成就感强的人，对自我实现多于利益，这些人往往能从成就感里得到满足，能提高和控制自己，积极主动地工作，在闲暇时进行学习。

在教师讲解相关学科知识的教育课堂中，能否在理论性专业知识的传授过程中形成成就感是影响最终教育效果的核心要素。教师在固定时间限度内依据预先设置的教育流程使课堂完整，或在相关知识点的教育活动中某些教育语言得到学生肯定的评价话语，都可以增加教师教育活动中成就感的达成。教师极易在正常的教育课堂中产生精神层面的情绪感受变化，从课堂氛围中获得积极性的情绪体验可以使学生知识的掌握效果达到最佳。如果教师无法在自身正常的教育工作中感受到价值方面的作用体现，会使教师从事教育行为精神方面的推动力明显下降，对学生而言基础的新内容顺序的调整也无法更贴合他们的能力承载状态。只有教师有积极精神情绪体验作为开展教育行为的指引要素，才能使学生的技巧总结活动和知识吸收效果达到最优。

二、创新篮球教学理念，增强篮球课魅力

（一）兴趣第一，注重学生体验

高校公共篮球课的学生上篮球课多是从兴趣出发的，希望通过篮球运动放松身心、缓解压力。他们关注的大多并非自身篮球运动的竞技水平，而是通过篮球运动带来的健康、愉悦、放松的体验。这就要求教师纠正过于强调篮球技术和战术水平的竞技化教学理念，明晰公共篮球课和篮球专

业队训练的区别，强调以人的健康为主要目标，突出篮球的健身功能。本着兴趣第一的宗旨，篮球课把培养学生对篮球的兴趣、培养终身体育锻炼的意识作为教学的基本出发点，引导学生主动参与到课堂学习中，形成良好的课堂氛围。

1. 技术训练，激发学生兴趣

采用多样化的技术训练形式以提高学生的兴趣。篮球运动知识、运动技能以及战术的掌握是影响高校学生参与篮球活动的重要因素之一。篮球技术的提高有助于提升学生的自信，激发学生对篮球运动的兴趣和热爱。可以适当改变技术教学的形式，在学生基本掌握动作要领的前提下，增加一些比赛和游戏内容，比如，运球接力比赛、行进间上篮接力比赛、投篮比赛等，在各种游戏活动中加入所学技术动作等。这样既提高了学生的兴奋点、增强了娱乐性，也有利于强化技术动作，从而提高学生对篮球课的兴趣。

2. 体能训练，让学生体验乐趣

现代篮球运动的发展趋势越来越注重快速的攻防转换以及加强身体对抗，对参与者的身体素质要求越来越高。为使学生主动参与、克服对体能训练的恐惧心理，可以把一些拓展训练中的理念引入到体能训练中。拓展训练中常见的一种方法是把个人视为团队的一个重要组成部分，在集体竞赛中，如果一人失误，则其所在的整个团队就要"买单"。在技术训练中，有很多需要团队配合的活动，教师就可以在其中加入体能训练，比如"运球接力"游戏，要求每个学生都要在尽可能快速到达目标地点的同时避免出现失误，假如在运球过程中一名学生出现失误，导致其所在的整个队伍落后，那么，整个队伍就要接受"惩罚"，教师可以根据训练计划"罚"做 15 个俯卧撑，或者原地深蹲起等。通过这种非刻意的体能训练，学生们既提高了技术、增强了心理素质和团队协作能力，更在不知不觉中得到了身体素质锻炼。在素质训练中，教师要根据学生情况，合理调整人员，使每一个学生都能参与并得到锻炼，达到规定的强度要求。

3. 积极鼓励，让学生享受乐趣

在教学过程中，教师要积极鼓励学生。通过一个肯定的眼神、一句简短的话语，及时肯定学生的努力，就会使学生不断增强自信、享受上课的乐趣。学生的篮球水平有高有低，对于技术较好的学生，要鼓励其发挥带头作用，还要指出不足，促使其技术进一步提高；对于技术较差、基础薄弱的学生，则更要不断激励，及时肯定其进步，必要时可进行单独指导，使其信心不断增强，最终使整个集体的技术水平实现较大突破。

（二）区别不同对象，实施因材施教

在篮球教学中，基于学生基础不同及男女条件差异，教师要采取不同的内容和教法，各有侧重地进行课堂教学。

1. 分类教学，因材施教

教学之始，教师应依据篮球的基本技术（运球、投篮、上篮等）对学生进行了解和大体分类。分好等级后，可根据学生的具体情况制订、修改教学计划，采用分类教学。

第一类学生，热爱篮球运动，技术较为全面，身体素质较好，篮球运动水平较高，并熟悉篮球比赛规则，能够自主进行比赛。可以传授给他们更专业的篮球知识、技能，如战术配合、个人技术等，使他们更深入全面地了解篮球运动。

第二类学生，基本懂得篮球规则，有一定的篮球基础，渴望提高篮球技术，可进行独立练习。应从巩固基础入手，并使其更全面地了解篮球规则以及简单的技战术。

第三类学生，对篮球规则不熟悉，无法进行独立练习，需要教师进行特别指导。应先从基础抓起，首先要传授篮球运动的基本概念、基本篮球技术、基本篮球规则等初级内容，让他们熟悉基本技术，培养他们主动练习的兴趣。

2. 男女有别，因材施教

男生在进入大学之前，大都参加或接触过篮球运动，并且运动积极性较高，对于男生技术水平的要求，要高于女生，并应在夯实基础的前提下进行完善和提高。

一般女生篮球运动的特点则是基础较差，身体素质较为薄弱，且有生理周期，对篮球的热爱程度要低于男生。教师应以培养兴趣和锻炼身体为主要目标，从基础教起，怀着特殊的耐心和关心对待学生的不适，当然，也要注意培养她们的毅力品质。在课堂上，可安排娱乐性较强的游戏，保障学生有足够的运动时间，循序渐进，降低体能训练强度和对抗性，在比赛的时候适当放宽规则尺度等。

总之，要分类指导、全面调动，让学生都有收获。

（三）全面综合考量，实施科学评价

应改变忽略学生差异而"一刀切""一次定"的考核方法，制订更加灵活、全面的综合考核标准。

第一，分类评价。在分类教学的基础上，当最后课程结业时，对不同类别的学生，可采用不同的考试内容和评价标准。这样既可以达到考试评价的目的，又激发了全体学生对篮球课的兴趣和参与热情。

第二，综合考量。对于高校公共体育课而言，学生参与是第一位的，为了提高学生的上课积极性，可以划出一部分分数，这一部分分数的高低取决于学生上课的出勤、学习态度、进步程度等。这种评定方式有利于学生端正学习态度，重视体育课学习，与教师共同创造和谐良好的课堂环境。

第三，阶段测评。定时进行阶段性评价，可以使教师最直接地全面了解学生的学习进度和技术的掌握情况，而教师也可以根据学生的反馈调整教学方法和内容，满足学生的需求，提高学生学习的积极性。通过阶段性测评，教师还可以对不同学生的学习程度进行及时评价和调整，使每个学生都可以充分掌握适合自己的篮球知识，并激励学生不断进步，达到更好的学习效果。

在新的社会发展时期，大学篮球公共课更应不断创新教学理念，以激发学生兴趣为先导，通过各种手段创新，提高学生参与篮球运动的积极性。同时，以提高学生体育技能和综合素质为目标，建立多样化的考核评价体系，做到以人为本、因材施教，使篮球课成为促进学生身心健康、全面成长，深受学生喜爱的体育课程。

第三节　篮球教学方法的多维运用

一、高校篮球程序教学法

程序教学法是美国现代心理学家普莱西和斯金纳根据控制论的一般规律所创设出来的，该教学主要通过信息过程的最优化、教学过程的算法化

等途径来达到增强教学效果的目的。程序教学法所遵循的基本原则主要包括"小步子、积极反应、即时反馈、自定步调、低错误率、尊重差异、及时强化"。因此，如果能够将程序教学法合理地运用于校园篮球课程教学中，将会在很大程度上提升篮球课程教学效果。篮球运动程序教学法将篮球运动的技术动作分解成若干个"小步子"，然后按照一定的顺序对这些小步子进行逐步学习、强化与巩固，最终实现篮球运动整个技术动作的学习与掌握。将程序教学法运用于篮球教学中，有利于学生更加容易、准确地掌握篮球运动技术动作，同时也可以在很大程度上缩短篮球教学时间，继而实现教学效率的提升。

（一）程序教学法的原理

程序教学法指的是按照一定的教学程序，将整个教学内容划分成具有一定逻辑关系的各个小部分之后，按照一定的教学规律，对这些小部分教学内容进行重新规划与设计，以实现信息过程的最优化以及教学过程的算法化。另外，程序教学法强调要根据教学目的、教学任务来开展教学活动。

美国心理学家斯金纳是程序教学理论的代表人物，也是当代新行为主义心理学派的代表人物。他在研究实验中发现，采用逐步强化刺激的方法，能够使动物形成操作性条件反射。后来他把这种操作性条件反射的理论应用到对人学习行为的研究中，得出了与动物研究相类似的结果。因此，他认为人的学习过程就是作用于学习者的刺激和学习者对它做出反应之间的固定化联结形成的过程。在斯金纳的程序教学理论中，程序教学法的基本流程是：刺激→反应→强化。迄今为止，程序教学法在以身体练习为主的体育教学、军队管理等领域都得到了持续、广泛的应用。

根据刺激反应理论的原理，学习本质上是某种特定的行为，学习行为的产生与实施都需要按照"刺激→反应→强化"这一过程来实现。也就是说，一个复杂的行为在形成过程中可以采用逐步借鉴以及积累的方法，即复杂行为是简单行为按照一定逻辑相互结合而成。对此，为了确保学生在面对刺激时做出符合要求的反应，教师要在设计教学内容时，尽可能将教学教材细化成为多个部分，即将学习中的问题分解成多个小问题，将学习的内容划分为多个小单元，并按照一定的规则对其加以排列与整合，在提前编制的教材以及特制教学工具的辅助作用下，一步一步提出要求和问题，以此作为对学生的外部刺激，然后让学生按要求进行学习和练习，并回答相应的问题。在学生作答之后，回答正确的，分析出其优点并加以表扬，回答错误的，分析原因并予以纠正。最后实施相应的补充程序，目的是进一步促进学生对所学知识的全面理解和掌握，为了有效地强化学习者的学习行为，在发生反应后，教师还必须对学生的学习效果进行强化。

（二）高校篮球教学中程序教学法的编制

在篮球运动的实践教学中，由于篮球运动基本技术动作复杂多变，战术难度较大，学生学起来存在一定的难度，可以采用程序教学法来进行篮球运动的技战术教学。具体的实施过程就是把篮球基本技术分成若干个部分，一个部分设置一个阶段学习目标、一个阶段学习难点。通过学习每一阶段的学习难点，可以促使学生在完成阶段性学习任务的同时逐步提升学习能力，进而完成教学的最终目标。据此，教师在开展教学实践的过程中一定要注意观察每个阶段性目标是什么，以及学生的反馈情况，对于出现的错误及不标准的动作及时给予指导与纠正，以降低学生发生错误动作的概率，帮助学生建立起学习篮球技能的自信心，引导学生形成学习篮球的兴趣，使他们都能够积极地参与到篮球的学习活动中来。体育的程序教学法强调以学生的活动为中心，鼓励学生多进行自学自练。所以说通过程序教学法，可以帮助学生更好地掌握篮球技术动作。

程序教学法是一种非常注重学生个体差异性的教学方法，它要求教师在教学过程中，要充分考虑不同学生的个体差异性，在制订教学计划的过程中，既要兼顾所有的学生，同时还要保证每一个学生都能够获得明显的进步。为了提高教学效率，教师还要做到预知学生有可能出现错误的动作，并提前做好纠正的方案。这种全新的教学方法，在高校篮球的教学实践中有着非常重要的实际应用价值。比如，基于篮球训练的主要目的是技能锻炼和培养学生的自主学习能力，教师可以结合学生的实际情况来设计篮球训练的步骤、各个阶段程序的内容以及它们在时间上的安排。故教师需要将篮球教材中的内容详细地划分为多个连续性的步骤与单元，然后将这些步骤与单元逐步运用到篮球教学活动中，以产生事半功倍的教学效果。

篮球运动是我国学校体育课程体系中的一个重要项目，深受广大学生群体的欢迎和喜爱。充分利用校园篮球课程教学来逐步培养学生对篮球运动的兴趣、增加学生对篮球运动的了解，使其充分掌握篮球运动的技术动作与战术运用方法，是各大学校以及广大体育教学工作者非常重视的一项课题。然而，如今我国广大学生群体的体育课时本身就比较有限，面临着繁重的学业压力，而且学生需要学习的体育运动项目也比较多，这导致其用于篮球学习的课时就更加少，因此篮球教师需要充分利用篮球课堂上非常有限的时间，合理利用程序教学法，让学生在有限的课堂时间内尽快掌握篮球运动的基本动作技能、有效的学习方法和训练方法，使学生能够从真正意义上掌握篮球这项运动。

篮球运动程序教学的编制方式主要如下：

第一，"直线式"程序教学。直线式程序教学法是将篮球技术动作进行分解，然后按照顺序严格组织和要求学生一步一步朝着目标直线式地学习并掌握。此教学法一般用于简单易学的动作。

第二，"分支式"程序教学。此程序教学主要应用于相对比较复杂的动作，各个环节连接非常紧密，难以直接划分为小步子，于是就打破教学传统，根据教学的特点，将教材划分成更大的步子，即有选择性地将原先两个或两个以上的小步子进行合并。

第三，"多维式"程序教学。多维式程序教学法结合了上述两种教学法，采用先直线后分支的策略，运用于处理更加复杂、难度更大的教学内容。

（三）高校篮球教学中程序教学法的设计原则

1. 小步子

在篮球运动的程序教学法中，教师需要遵循小步子原则，也就是要将刺激严格控制在比较小的范围内，教师将教学内容分步骤地逐步呈现给学生，使学生逐渐掌握教学内容。在利用程序教学法的过程中，由于所设置的小范围目标的难度相对较小，因此学生通常能够在短时间内掌握并且熟悉教学的内容。

小步子原则主张程序教学内容的实施步子要小，在设置教学程序的过程中，尽量保证每一小步能够解决一个知识难点或动作难点，并且两个难点之间的增加梯度一般都是很小的。其要求是学习与掌握了前面一步教学内容才能进入下一步教学内容的学习，同时还要明确每一小步的学习内容和动作标准等。要保证每一个学生都能够掌握学习的动作，就必须要有高标准、严格的要求，只有做到步步精确化，步步标准化，才能保证动作完成的质量。

在使用程序教学法的过程中，教师通常是根据自己的教学经验，来对教学内容的程序以及步子大小进行设置的。另外，教师在设计编制体育动作的教学程序时，要充分考虑利用现代器材、设备或特制教具等因素，促使学生更快更好地掌握篮球运动的技术和技能，每完成一个教学程序就要实现一个小的教学目标，使学生逐步建立起学习的自信心，在学习的过程中能够达到事半功倍的效果。

2. 低错误率

在设计篮球教学程序时，篮球教师应该充分考虑学生的实际水平，并对教学过程中学生容易出现的问题进行预估，尽可能地避免其出现在正式的教学实践之中。而这一步的关键所在便是正确、科学、合理地设置学习的"小步子"，使"小步子"与"小步子"之间紧密衔接。教师不应总是让学生在发生错误后再去纠正错误，可以事先为学生排除各种学习中的错误以及障碍。无错误、无阻碍的学习能激发起学生的学习积极性，增强学生动作记忆的流畅度，提高学生的学习效率。

3. 及时反馈

在程序教学法中，由于各个教学环节之间有着非常紧密的联系，彼此之间有着一定的逻辑联系，因此有必要对即时反馈予以充分重视。在开展实际教学的过程中，无论是教师还是学生都要注意及时对信息进行捕捉与反馈。对教师而言，就是了解学生的练习情况，以便于及时给予指导。这对今后程序内容的安排以及优化具有指导性的作用。对学生而言，就是及时了解自己的学习状况，以利于分析自己的不足，并据此进行纠正。对于学习的反馈以及评价，可以帮助学生对自己的学习有更客观、更深刻的认识，并以此为基础进行自我调节，从而提高学习的效率。

4. 积极反应

在传统的教学模式中，教师通常是课堂教学的主体，学生只是课堂教学的接受者，尤其是在体育教学中，课堂上如果仅仅采用常规的教学方法，很难引起学生产生积极的互动反应。但是对于程序教学法而言，教师不再是教学的主体，教师将教学内容划分成多个教学步子，一个步子对应一个目标，这有益于增强学生的自信心，可培养学生自主学习的兴趣，激发学生积极参与。但是要想做到上述，教师势必要在设计教学程度时注意根据学生的实际情况进行设计，只有这样学生才能做出积极反应。

5. 自定步调

在篮球教学中普遍存在这样一个现象，即使教学条件与教学内容都相同，但是不同的学生对篮球运动知识与技能的掌握情况也不尽相同。通常情况下，篮球教师会重新设计教学，但是新的教学设计适用的群体只是多数中等生，这就意味着优等生或者后进生这两种少数群体的需求短时间内难以得到充分满足。随着学习的推进，学生之间的学习与掌握情况会出现很大的不同。

不同于常规教学法，程序教学法强调要尊重学生的主体地位，其有一个重要的原则就是自定步调，它不强求全班保持同样的节奏，鼓励学生按照符合自己实际情况的进度学习。尽管学生学习进度不同，但是由于学习的目标是一致的，所以学生通过逐渐完成阶段性目标最终还是可以赶上其他同学的学习进度。这样一来，即便学生因为个人原因无法及时完成课堂任务，也可在后期自己补上。自定步调原则的核心理念是突出学生是程序教学的中心，其有利于调动学生在学习中的积极性、自觉性以及提高学生的自我管理能力，使学生都能朝着共同的学习目标努力奋进。

6. 尊重差异

在篮球教学中，教师应该充分认识到每一个学生与其他学生之间在多个方面都存在着巨大的差异性，其中最为典型的就是生理方面和心理方面的差异性。生理方面的差异性主要表现在身高、体重、速度、耐力等方面；心理方面的差异性则主要表现在性格、气质、能力、兴趣等方面。由于不同的学生所具有的差异性不同，所以这些学生在进行学习的过程中也会出现各种各样的差异性。如对学习的认真程度、练习中的反应速度、对教师讲解知识的理解程度、面对高强度练习时所表现出来的意志品质都会有所不同。因此，体育教师要尊重学生的差异性，在编制程序教学时根据学生这些客观存在的差异，设计难度适宜又具有一定挑战性的目标，尽可能照顾到班级之中每一个学生的个体差异，使每一个学生都可以更加积极主动地参与到学习中，得到健康、全面的发展。

7. 及时强化

学生在学习的过程中不可避免地会遇到各种各样的问题，当学生想要积极地去寻求答案，但是却又寻找不到合适的解决方法时，倘若无法及时获得教师的指导或者同学的帮助，则很容易使错误的动作在脑海中定型。教师借助于程序教材来进行教学，可以及时地为学生提供解决问题的方案，从而加深学生对其所学内容的印象。在一定情景下，对学习的动作及时进行强化，就能使这一动作的掌握变得更加牢固。

（四）高校篮球教学中程序教学法的实施

1. 在篮球运球技术中的实施

（1）导入教学课程。在篮球运球教学的准备活动中，可以采用一边拍球一边抢球的方法来进行，通过这一方法，既能够活跃课堂氛围，又能够激发学生学习篮球运动的兴趣，本部分主要通过提问的形式逐步导入到新课程的教学内容——篮球运球上面来。例如，可以引导学生思考如何保证自身能够有效控制篮球的前提下，又能抢到其他同学的篮球，在篮球运动运球教学的准备活动中，教师所采用的新课导入形式越丰富，越能吸引到学生的注意力，也就越能激发学生对篮球运动的兴趣，从而对篮球的运球产生跃跃欲试的心理，教师除了可以采用一边运球一边抢球的方式之外，还可以采用熟悉球性练习、慢跑中结合脚步移动技术、篮球小游戏等形式。

（2）展示教学内容。教师在完成热身准备活动之后，可以以卡片或者黑板的形式来展示本节课的教学程序。教师在设计教学程序的过程中，应该充分考虑学生的篮球运动基础、学习兴趣、学习态度、学习潜力等实际情况，遵循循序渐进的原则，合理设计能够与不同学生的篮球学习情况相适应的教学内容，例如，教师在教授学生篮球运球技能的过程中，可以采用如下步骤：

第一，导入。通过提问的方式激发学生的兴趣，对篮球运球技术进行简单介绍以快速引入篮球运动运球教学内容。

第二，教授学生学会原地拍球。该环节中，教师主要采用讲解示范的方式进行，自己一边向学生示范原地拍球的动作，一边向学生讲解动作要领，然后组织学生开展原地拍球练习，并要求每人连续不断地原地拍球30次，对于没有达到要求的学生，应该要求其重新进行练习，直到能够完全符合要求，再要求其进入下一个练习阶段。

第三，组织学生学习行进间运球。同样的，教师先对这一技术动作进行讲解示范，然后组织学生在掌握原地拍球的基础上一边拍球一边向前走，以行进间运球长度为标准，要求学生能够行进间运球20米，对于不能达到要求的学生应该继续进行练习，对于能够达到训练要求的学生可以进入下一个学习阶段。

第四，组织开展运球接力比赛。对于已经进入该环节的学生，教师应该将其分成人数相等的两组，然后组织两组学生开展一定距离的运球接力比赛活动，比赛距离可以设为篮球半场的宽度，然后要求每组排头学生向下一位组员的方向进行运球，以此进行，最终以最先完成的一组为胜。该教学程序基本上能够体现出循序渐进的原则，按照一定的教学程序进行学习，有利于增强学生的学习信心，促进学生学习积极性及学习效果的提升。

（3）具体教学程序上的学习。

第一，学生学习方式的体现。在篮球运球教学中，教师应该根据不同学生的学习情况采用不同的教学方式。对于篮球运动基础较差的学生，可以采用"铁链式"的教学方式，严格遵循循序渐进的原则，由简单到复杂，由少到多，环环相扣，组织学生一步一个脚印地进行学习。对于基础较好的学生，教师可以采用"跨越式"教学方式，对于一些难度很小、不是特别重要的学习环节可以进行跨越，直接选择下一个难度较大、比较复杂或者十分重要的环节进行教学，当完全掌握之后，再进入下一个阶段的学习。例如，在篮球原地运球教学中，对于基础较差的学生，教师可以要求学生进行徒手模仿练习，也可以组织学生进行原地体前不换手运球练习，对于基础比较好的学生，可以适当增加运球难度，可以组织学生进行原地胯下运球练习，也可以组织学生开展背后运球练习。

第二，学生学习情况的评定。学生在学习篮球运动的具体教学程序的过程中，教师应该要求学生对自身的学习情况进行及时反馈，并对学生在不同程序中的学习情况进行评定，只有当学生在每一个步骤的学习中能够完成学习要求时，才能进入下一个学习步骤。这样一来，保证每一个学生都能够进行循序渐进地学习，有利于学生学习热情与学习效率的提升。具体而言，教师可以采用自评、他评、互评以及教师评定等方式，同时还应该向学生展示评定标准、教学程序。例如，在篮球原地体前不换手的运球教学评定中，以学生在保证眼睛不注视篮球的前提下，能够连续运球15次以上。而学生通过一定的练习之后，如果认为自己能够达到这一要求，便可要求教师为自己进行评定测试，如果通过测试，则可以进入下一个学习步骤；如果没有通过测试，教师与学生一起寻找原因，学生继续加强该步骤的学习，也可以返回到上一个步骤进行巩固练习。同样，如果学生没有通过胯下运球的技术测试，也可以返回到上一个学习步骤，进行体前换手运球练习。

（4）教师提供科学指导。在篮球教学中采用程序教学法时，学生不可避免地会存在各种各样的问题，因此，教师应该为其进行科学指导。例如，在学习篮球原地运球的过程中，学生通常容易出现四个方面的问题：①反复出现用手掌拍球的错误动作；②学生之间发生各种各样的矛盾；③学生对自身的水平缺乏正确认识，导致其所制订的任务难度过大、目标过高等；④学生在练习过程中，注意力不够集中，经常讲话等。针对这一系列的问题，教师应该采取适当的方式为学生提供科学指导。

（5）评价与总结上课情况。在篮球原地运球教学中，评价与总结是程序教学法的最后一个环节，主要对学生的总体学习情况进行评价与总结。例如，在篮球原地运球教学评价中，教师主要对学生的体能状况、运球技能、学习行为、学习态度、人际交往等方面进行评价，并就其中所存在的不足及其原因进行分析，以便于对程序教学法进行调整与优化。

2. 在篮球传接球技术中的实施

在篮球运动双手胸前传接球技术中实施程序教学法的过程中，教师可以先将篮球运动双手胸前传接球技术的整套动作分解成不同的训练模块，即变速转向跑、起动急停以及急停跳投、运球急起等。然后组织学生按照由易到难的顺序对这些基础模块进行依次练习，只有充分熟练地掌握篮球运动的各种基础动作，才能有效开展篮球传接球等复杂动作的练习，也才能实现学生篮球运动综合技能的提升。

3. 在原地单手肩上投篮技术中的实施

在篮球运动单手肩上投篮技术中实施程序教学法的过程中，可以按照以下步骤进行教学：

（1）先对原地单手肩上投篮技术的整套动作进行正确示范，然后对其动作要领进行详细讲解。

（2）开展拨球教学，强调在最后的出手动作中，应该依靠手腕和手指发力，而不是依靠手臂来向前推，如此一来，就会使篮球在空中有一个强烈的回旋。

（3）对瞄篮、出手投篮以及出手投篮之后的动作进行教学，向学生强调不管站在球场的哪一个位置，在抬头举球瞄篮的时候，都应该集中注意力将视线集中在篮筐的中心位置。另外，教师还应该强调投篮之后的出手动作，当球出手之后，其投篮动作并没有完全结束，此时应该保证投篮的手臂自然向前伸展，另一侧手臂应该放到身体一侧，以防对自己的视线造成干扰，在两脚落地之后，应该保证脚尖朝向篮筐，小拇指与大拇指也应该保持在一条直线上，食指、中指与无名指由于拨球动作的惯性，仍然保持弯曲下压的状态，此时食指应该指向篮筐的方向。

（4）提升学生原地单手肩上投篮的命中率，对其投篮错误动作进行规范与校正。如果篮球在空中划出一道弧线，并且能够准确地落入篮筐中，则视为命中。如果篮球落在篮筐的左右两边，则说明投篮动作的出手方向不正确，如果篮球落在篮筐的前方，则说明投篮动作的出手力量过小，如果篮球落在篮筐的后沿或者打到篮板的高处，则说明投篮动作的出手力量过大。

4. 在篮球竞赛规则教学中的实施

（1）篮球竞赛规则的讲解。在教师讲解竞赛规则的时候运用小步子逻辑，将竞赛规则分解开来，使学生循序渐进学习，对上一步的理解是下一步的基础，对后一步的理解和掌握是前一步骤的必要结果。只有这样，学生才能掌握竞赛规则，使学生充分了解规则的含义。

第一，为了能够让学生清楚地了解篮球竞赛的特点以及规则，篮球教师可通过与其他球类运动的对比分析使学生清楚地了解和掌握篮球运动在规则上与其他运动的不同之处。例如，在篮球运动竞赛规则中所指出的开始比赛需要的条件以及设备，篮球比赛场地的规划，篮球的规格大小等。这些均是篮球竞赛规则之中作为基础的知识内容，学生应当要对此进行牢记。

第二，篮球技术的合法性在篮球竞赛规则之中也是十分重要的组成部分。篮球竞赛的规则对每一个技术动作都做出了十分清楚的定义。因此，教师在对学生进行竞赛规则讲述的时候一定要以实际动作技术为例来进行解释。篮球教师对于竞赛规则要进行深入的学习，并对其进行区分，只有这样才能够在教学中对学生的问题做出准确的解答，在学生的大脑之中形成一个独特的场景，使学生能够如临其境，从而实现良好的教学效果。

在教学过程的每一个阶段，教师都应当注意与学生的互动，以获得学生的积极反馈；教师也可以通过具体的案例分析，加深学生对知识点的理解，使学生在大脑中对竞赛规则有比较清晰的认识，并且对裁判的理论知识有一定的掌握。

（2）临场竞赛讲解。篮球教师在讲解完理论知识，并确认学生已经基本了解篮球竞赛的规则之后，应带领学生到比赛现场对规则做进一步的讲解。现场的讲解要贯穿于比赛的整个流程，包括赛前的准备工作、场地的布置、比赛的抽签、比赛过程的规则指导。教师在指导赛前的准备工作时，要让学生亲自动手去布置比赛场地，让他们熟悉场地的画法，篮圈高度的丈量及其调整等方面都是需要详细学习的内容，学生通过对这一系列流程的实践操作，很快就能够具备快速布置篮球比赛的场地，以及检查篮球场地的设置是否合格的能力。场地布置完成后，应从比赛的抽签开始，对比赛过程中每一步所涉及的竞赛规则进行讲解。

（3）教师的临场指导。理论的学习最终是要运用到实践中才能产生现实的意义和效果。也只有通过实践，学生才能真正掌握竞赛规则。在教学过程中，教师要合理地安排教学比赛，以此来为学生提供实践的机会。教师在对学生进行竞赛规则指导时，应当注意鼓励学生在有人发生犯规、违例等现象时进行鸣哨，而不是仅仅在比赛开始与得分的时候发出哨音。对于难以判断或者疑似犯规与违例的动作，也要鼓励学生鸣哨，同时教师要做好解释规则的准备。但要注意的是，犯规评判的严格尺度必须根据竞赛规则手册而定。实际操作中，针对某一具体场景，如果某一方请求对规则进行解释，教师必须要能够对规则解释到位，及时地解除学生的疑虑。教师要及时指出学生裁判在进行评判时所出现的错误，帮助分析错误的原因并督促学生及时更正。鼓励学生认真学习竞赛规则、多观看比赛、多进行临场执法，只有这样才能够提高他们的裁判技能。

二、高校篮球探究式教学法

（一）探究式教学法的类型与优势

从汉语语义上讲，可以将"探究"一词分解为探索与研究，其中，"探索"一词指的是通过多种方法来寻找问题的答案，以达到解决疑问的目的；"研究"一词可以理解为对事物的基本性质及其发展规律等进行探究，也可以将其理解为对事物的本质与发展规律进行思考与商讨。因此，站在这一角度上讲，探究式教学法指的是学生在对某一概念与原理进行学习的过程中，教师只是为其学习过程提供一定的问题和相关资料等，以使学生自己通过阅读、观察、实验、思考、讨论以及听讲等多样化途径进行独立研究与探索，以对这一概念和原理进行学习与掌握的教学法。

探究式教学方法强调教师只发挥自身的主导作用，充分尊重学生的主体性，引导学生进行自觉主动地探索与研究，使学生对问题的解决方法与解决步骤等进行充分认识与掌握，对客观事物的属性、发展起因、内部联系等方面进行发现与认识，进而形成自己的概念。由此可见，探究式教学法能够充分体现学生的主体地位，同时还有利于学生自主学习能力等的发展。

1. 探究式教学法的类型

（1）根据探究的过程进行分类。若是根据探究的过程进行分类，那么探究式教学法可分为完整探究和部分探究两种类型。在教学之初，由于教学设备、教学时间以及学生自身知识水平不够完善等原因，导致教师在课堂之中只能对部分难度较小的内容进行探索。但是伴随着学生自身知识水平及知识结构的不断提升与完善，教师教学探究的范围逐渐拓展、深度逐渐加深，从而逐渐实现完整探究。

（2）根据探究活动的场地进行分类。若根据探究活动的场地进行分类，那么探究式教学法可分为课内探究与课外探究两种类型。教师在安排篮球教学时可以先从课内教学进行，这样有利于达成最初所制订的教学目标，完成教学任务。但事实却是很多的探究性活动仅仅依靠课内教学来进行，这样不光会使教学时间不充裕，还会使教学空间及内容也不充裕。对于这类探究活动，教师一定要灵活地借助于自然及社会的力量来对课内探究的不足之处进行补全，从而有效地推动学生的学习探究活动。

（3）根据自主获取信息的方式进行分类。若是根据自主获取信息的方式进行分类，那么探究式教学法可分为接受式探究与发现式探究两种。信息在接受式的探究学习过程中，要么是由学生积极主动地从现有资料中或者是通过互联网直接获取，要么是由学生从经验丰富的人那里询问相关信息，对于这些方式所获得的信息，学生仅仅只需要将其稍微进行整理便可。而发现式探究过程之中是没有现成的信息来让学生直接获取的，学生必须要经过一系列的活动来发现信息，并将所发现的相关信息进行整理与总结才能够获取最终的信息。

2. 探究式教学法的优势

（1）有助于构建新型师生关系。探究式教学法一共分为两种交流关系：①教师与学生之间的交流，②学生与学生之间的交流。不管是哪一种交流关系，学生为了能够在学习和锻炼的过程中获得更为优秀的成绩，在面对学习中的困难以及问题时，就会自主向教师和同学寻求解决途径。教师在向学生传授知识的过程中不能以真理的化身自居，教师与学生二者要在课堂中针对问题共同去探究知识所具有的特殊奥秘。因此，教师在教与学这个双边关系之中，主要的职责便是指导以及引导学生开展对知识的探索，传授给学生科学的学习方法和思维方式，并在课堂之中给学生留出一定的时间和空间，以供学生提出问题、思考问题、解决问题。

当学生在篮球锻炼的过程中，出现失误时，同学之间会相互鼓励、打气；当有一名同学打出了一个好球，那么大家便会集体进行喝彩；当发现某一名同学在锻炼的过程中遇到了自身难以解决的困难，那么大家便会积极主动地去帮助这名同学战胜困难、解决困难。这种学生与学生之间的交流关系不仅能够让全体学生的技能得到提升，还能够加强学生的人际交往能力。

（2）有助于增加课堂教学活力。探究式教学方法的存在创造出了以启发式教学与讨论式教学为主要标志的宽松且活泼的课堂氛围。这种氛围鼓励教师对教学内容以及教学方法大胆地进行创新，引导教师将学生身心愉悦地参与到每一堂课程之中作为开展教学的核心目标。要想真正地实现这一种教学形式的转变，需要做到三点：①压缩篮球教师讲解以及示范篮球技战术的时间；②以学生为主体，坚持以满足学生需求作为教学设计、教学安排的指导思想；③尽可能调动学生的积极性，以期让学生在"活动"之中进行学习，在"主动"之中进行发展，在"合作"的过程中增加自己的知识储备，在"探究"的过程中实现创新。

篮球教师在开展教学活动时一定要注意激发学生的主动性、积极性，即鼓励学生自己去发现和探究学习的规律、学习的方法、学习的思路，进而培养学生独立思考、自主解决问题的能力。探究式教学法的运用有益于在引导学生自主学习、自主思考的过程中，培养学生发现问题、分析问题、解决问题的能力。

（3）有助于教师实现自我发展。尊重学生的主体地位，发挥学生的主体作用，实现主体发展教育，这些教育理念已经提出了多个年头。虽说教师在口头上也已经接受了这些教育理念，但是一到课堂之中，却还是回归到了最初的教师在讲台上讲，学生在下面听；教师发出提问，学生做出回答；教师发出指令，学生执行指令的授课方式。在这种授课方式之下，学生一直处于被动接受的地位，更不用说发挥学生的主体地位。首先，教师要从根本上真正意识到传统以自我为中心的教学思想的不足；其次，教师应当从实践出发。这是因为，实践探究的存在不仅能够给予教师学习以及与他人进行对比的机会，还能够给予教师一个认识自己和认识学生的机会。

（4）有助于提升团结协作能力。篮球作为一项集体性的运动项目，十分讲究团队成员之间的团结协作能力，这也是篮球教师运用探究式教学法将学生进行分组练习的目的以及意义所在。通常情况下，篮球教师在安排篮球技术练习的过程中，会将学生按照运动能力的强弱来划分，以能力优秀的学生来带动能力较弱的学生进行学习与锻炼，使得能力较弱的学生在能力优秀的学生的指引下不断提升自己，而能力优秀的学生也能够在帮助他人的过程中对自己所学的知识进行巩固，进一步地提升自己对于所学知识以及技术的掌握程度。除此之外，小组与小组之间也能够进行合作练习，这样不仅能够增进组与组之间的感情，还能够让众人共同进步。在这一氛围中，大家通力协作，共同为一个相同的目标努力。

（二）高校篮球教学中探究式教学法的实施

在探究式学习教学过程中，教师需要对学生已有的知识经验提前做一个调查和了解，这是学习者探究新知识的经验基础，同时也是教师设置情境的依据和探究问题的起点和背景，从实际情况出发，才能将探究式学习的功效最大化地呈现出来。为了使探究式学习的过程更为顺畅和深入，对于某些知识的普及和教学，必要时教师可运用接受式学习这一方式将知识传授给学生，来为后期探究式学习提供经验。首先，教师要设置一个可以激发学生认知需要的问题，接下来是学生自主探究的过程。在这个过程中他们的行为的构建都是由学生的意识中要去解决这个问题和探索这个新的认知来驱动的。学习不再是传输过程，知识构建是构建主体围绕着自身的需要实现而自主完成的，而不是通过接受和意义解读完成的。在探究学习中，学习是作为需要意志的、有自主意图的、自觉自主建构的积极实践而出现的。

学习不是一个顺利的、平坦的、简单的直线式过程，而是一个充满困难、迂回和曲折的过程，学生在对某个问题进行研究时，可能会发生前功尽弃、推翻从前结论从头再来的情况。由于学科的特殊性，教师在探究式学习的教学实践中还要考虑学科的性质、特点，避免不经思考地直接套用其他学科探究式学习的流程，而是要充分考虑本学科的性质和特点以及学生的知识基础、学习状况等方面的实际情况，来制定本学科学生的探究式学习流程，以期培养和提升学生思维能力、自主学习、开拓创新能力。

基于篮球教学课堂，通过采纳国内外学者关于探究式教学的指导思想以及教学模式，设计出如下流程：

1. 传授篮球知识

并不是所有的知识都适合用探究式教学法来启发学生对知识的理解和

认知，有些基础性的、理论性的知识没有必要花费时间和精力去探究，通过直接教授的方法就可以了。比如，在篮球教学中，陈述篮球运动起源和发展时，篮球教师可运用讲授方式或引导学生自主搜集相关的知识，然后对知识要点进行统一讲解就可以了。再比如，在传球、投篮的学习中，传球、投篮的基本姿势、手型及移动步法等基础知识仅仅是为以后对更深层次的问题进行探究的储备知识，同样也可以采用多样化的直接教授法传授给学生，以节约时间，提高学习的效率。

2. 创设篮球情境

在进行"探究式教学法"的教学过程中，教师要充分利用情境创设，不断激发学生对知识点的探究欲望和兴趣。例如，教师可以通过提问 NBA 篮球巨星科比在行进间左手运球的过程中，会使用怎样的篮球技术，这样的名人效应引发学生的思考和兴趣，让学生们通过分组讨论的形式进行充分的思考和探究。另外，在探究式学习教学过程中，教师创设具体的情境、设计教学任务和课程目标时，必须根据学生的篮球基础等实际情况（主要包括学生的身体素质基础、有没有接触过篮球运动、在篮球方面受过什么程度的教育等）。又因为每个班级内学生对于篮球知识点和技能的掌握情况存在差别，所以，教师要充分考虑到学生的心理需求和课程内容难易程度的设置。教师可以采用"分层教学法"和"探究式教学法"相结合的教学模式，增强中等职业学校体育篮球课程的教学目的和教学质量。教师将学生引入具体的教学氛围时，将本节课需要探究的问题以及教学重难点问题自然地传递给学生。然后，让学生带着问题去学习，以随时引发其思索，并且可以相互之间进行讨论，在情境练习和相互沟通中逐渐掌握篮球运动的各项技能。

3. 学生参与教学

学生在由教师所创设的探究式教学课堂之中，对教师所提出的问题进行学习探究的同时，也要对问题进行解决。体育学科本身与其他科目相比属于一个较为特殊的科目，其特殊之处在于，该科目需要在学习的过程中将人的身体感知传向大脑，并对其做出的反应进行分析和转化，以此来进一步地提升所学动作的熟练度。因此，学生在教学情境下对教师所提出的问题进行探究与练习的过程中，十分容易产生额外的问题，如同学之间进行练习的时候能够清楚地指出对方在练习过程中所存在的问题，比如说对方在进行传接球的过程中虽然速度比较快，但是持球动作不正确、球容易掉落等，在运球的过程中，虽然速度也比较快，但是球容易脱离掌控等。对于这类问题教师可以将其与自己最初所提出的问题放到一起来分析和解决，找出它们之间的联系并对解决方案进行优化；也可以让学生自己解决问题，然后在总结和讨论的阶段，和大家一起分享并讨论。"在体育课程的设计中，教师应当以学生的参与为主进行设计，培养学生的参与意识"[①]，使体育课堂教学最大限度地满足学生的发展需求。

4. 自主交流合作

当教师将所有的问题都展现给学生后，学生便可以通过自己对问题的体会来寻找最佳的解决方案。主要步骤为倘若没有办法自己解决问题，那么便可选择在学习小组内部进行探究，依靠小组的力量解决问题；若小组内部的力量无法解决问题，那么可选择在小组间进行讨论；如果问题在小组间依然得不到解决，可以要求教师一起参与探讨。在篮球这样的集体球类运动中，学生在探究式学习和练习中除了自主探究，更重要的就是小组探究、小组间的探究以及师生的合作探究，这充分体现了球类运动中相互合作的重要性。因此，教师在进行探究性教学的运用时，要注重实际情况，对探究模式进行合理的使用，从而实现一个理想的教学成果。

5. 探究解决问题

要解决在体育技能学习当中出现的问题，就要找到其根源所在，一般的解决方法是从动作技术的准确性、动作技术的灵活性来展开。学生根据教师所提出的问题以及自身在学习过程中发现的实际问题为基础，开展学习探究，寻找问题的真正答案，当知晓问题出现在哪个环节之后，再进行解决问题的方案策划。方案的具体实施实际上就是学生自己的实践练习环节，借助实践练习对方案的有效性进行检验，不断地寻找更加合适的解决途径，最终圆满地解决问题。

6. 诊断与评价

学习中的诊断与评价是为了能帮助学生及时发现和纠正错误的动作，提高学习的效果。在探究式学习教学中有自评也有他评，比方说，在进行传球的时候总是向一个方向偏，当学生自己发现这一问题之后便会在内心

---

① 首洁．以学生参与为中心的体育课程教学设计［J］．运动精品，2019，38（10）：40.

中对自己进行评价，这就是自评；或者是当同伴指出问题时，这便是他评。因此，在进行篮球教学的过程之中，每当进行一个问题的探究或者是多个问题的探究时，都要注意对其进行诊断、评价。同时，教师也要善于发现学生所发现不了的问题，并及时对学生进行问题的指导，以免学生走弯路，从而更好地完成教学任务。另外，为了及时了解学生对篮球知识和动作技能掌握的情况，教师还要定期进行过程性评价，或者固定每隔几个课时就随堂测试，以便及时对教学的方式方法做出相应的调整和优化。

7. 反思与总结

在每一次课或某一阶段的学习结束之前，教师要组织学生一起对探究的过程和结果进行总结。对于已解决的问题要给予充分的肯定，分析解决的主要路径并总结经验，将其作为下一轮探究的经验基础；针对那些尚未被发现或未被解决的问题，篮球教师一定要及时给予规范，或者可以将问题指明，引导学生在课后通过查阅相关资料来解决问题，待下次课做进一步的探讨，以培养学生自主学习、探索的能力。

第五章 高校公共体育课程实践
——田径

第一节 高校田径运动的特点与基础

一、高校田径运动的特点

（一）技能基础性强

大多数运动和田径技能的坚实基础体现在以下两个方面：

第一，运动和野外技能的基础是人类基本技能的一种竞争形式。特别是田径运动源于人们的生产和日常生活，并从人类生活和工作的基本技能（例如，步行、跑步、跳跃、射击等）发展而来。田径包括人类的基本运动。田径技能是至关重要的人类技能，是最基本、最简单、最自然的人类活动。

第二，田径是其他运动的基础。田径运动有着悠久的历史，对从事其他运动的人们来说至关重要。现代体育运动的形式和内容，几乎每一项运动，都离不开简单的跑、跳。因此，可以说田径是各种运动的基础，这也是许多竞技体育将田径作为一种训练方法的主要原因。

（二）群众基础广泛

第一，田径运动可选择项目多。田径项目内容丰富，为运动员提供多种运动机会：参赛者可根据年龄、性别、爱好、体质等特点选择和练习自己的田径项目。

第二，田径运动形式参与性强。田径运动的项目有很多，具有较强的参与性。一方面，不同年龄和性别的人都可以参加体育运动，不同身体状况和健康水平的人可以选择他们想参加的特定运动项目；另一方面，可以在田径场上练习不同的项目，也可以在同一项目的训练中进行不同强度的训练，这也增加了田径运动的参与度。

第三，田径运动受限制条件少。受场地条件限制小，在田径比赛中，参赛者可以在道路、田野、广场、公园、草原、海滩等场所进行练习和训练；受器械条件限制小，一些田径运动的器材设备要求简单、易操作；受天气条件限制小，田径运动受天气影响较小，只要不是过于恶劣的天气，均可以开展不同形式的田径运动；受技术条件限制少，田径运动、走跑健身和训练不需要运动者具备较高的技术基础；受时间条件限制小，田径运动受时间影响小，参与者可以一年四季都可以进行锻炼。

（三）比赛项目众多

田径比赛项目众多，从国家角度考虑，这是奥运会的一项重要赛事，也是不同国家竞相夺金的重要赛事。田径可以分解为多个项目，它们是最具竞争力的项目，也是所有重大体育赛事中参赛运动员最多的项目。从高校角度考虑，学校运动会等，田径运动的项目也是较多的。

（四）技术要求严格

田径运动并不复杂，但是技术要求非常高。对竞技技术的高要求迫使运动员掌握科学、智能的运动训练方法。从运动结构来看，田径运动具有间歇性和混合性运动的结构。运行不同结构类型的运动有不同的规格和技术要求。动作结构相同的运动也有不同于其他运动的属性。

（五）比赛竞争激烈

田径比赛提供各种赛事，运动员通常必须充分发挥他们的身体潜力，才能取得良好的成绩。在田径运动中，运动员之间的距离可以在一秒之内发生变化，它必须比心理、战术和基于能力的竞争力。

（六）追求自我超越

田径运动中的许多较小的活动，包括跑步、跳跃和射击，都以"更快、更高、更强"的奥林匹克格言为基础，充分体现了田径运动对个性的追求。根据内容分析，田径运动的自我超越主要体现在比赛中运动员之间的激烈竞争中。追求在田径运动中的主导地位包含三个层次的竞争精神，具体表现包括：①超越自我；②超越对手；③超越比赛纪录，促进体育运动的发展。

从文化的角度来看，现代田径运动的根本目标是在个人发展的基础上实现目标。田径运动的特殊文化特性，通过人的生物改造，达到在社会生活的目的，并实现其影响社会生活的目标。因此，田径运动具有极大的文化创造力。对促进社会文明发展具有重大影响。

二、田径运动的生理学基础与特点

（一）田径运动的生理学基础

1. 田径运动与呼吸系统

人体呼吸系统包括鼻子、喉咙、气管和肺，经常参加体育运动是改善呼吸功能最有效的方法之一。运动在呼吸系统中的作用，主要体现在以下方面：

（1）田径运动可提高呼吸的效率。平均呼吸是浅而快的，平静时每分钟需要 12 ~ 18 次呼吸。锻炼者倾向于每分钟进行 8 ~ 12 次缓慢的深呼吸，这让通气肌肉有更多时间休息。参加体育运动的人呼吸中枢的兴奋度往往更高，并且对血液化学成分的变化更敏感。呼吸暂停所需的时间长短，是评估组织呼吸强度和呼吸中枢对缺氧和二氧化碳增加耐受性的重要指标。运动还可以提高人体的耐缺氧能力，并且可以在缺氧条件下在复杂的肌肉活动中持续存在。

（2）田径运动可增强呼吸肌的力量。田径运动可以增强呼吸肌，增大的胸部促进肺组织的生长发育和肺的扩张。如长跑会增加肺活量。为了满足人体各组织的需氧量，必须增加呼吸深度，同时增加呼吸频率。肌肉可以在连续运动中呼吸。呼吸肌（胸、肋间肌、腹肌等）的流速会增加，呼吸肌会更加发达。胸部会变大，呼吸肌的活动自由度也会增加；一个人的平均呼吸差为 5 ~ 8 厘米，而经常运动的人的呼吸差会增加到 9 ~ 16 厘米，这样空气就会更顺畅地充满肺部。

2. 田径运动与神经系统

人的神经系统分为两部分：中枢神经系统和周围神经系统。中枢神经系统与其他器官和系统有着非常广泛和复杂的联系。周围神经系统在维持身体环境的稳态方面起着重要作用。保持身体的完整性与和谐性以及与外部环境的协调与平衡。

（1）田径运动可提高体温调节中枢的机能。经常参加田径运动可以提高神经系统在运动过程中的适应能力。尤其是人体体温调节中枢的功能。在寒冷的环境中训练，由于下丘脑发热中枢的激发，增加了人体的热量产生，同时皮肤血管变窄，减少了热量散发。在炎热的环境下运动时，由于下丘脑发热中心的工作量增加，身体会释放更多的热量来维持正常体温。这增加了身体抵御寒冷和炎热的能力。

（2）田径运动可解除精神疲劳，提高睡眠质量。参加体育运动的人往往会从脑垂体中产生一种叫作P-内啡肽的物质，它可以提高对疼痛的耐受性、缓解紧张、降低血压、抑制食欲，使人心情愉快，身体健康，运动还可以有效促进睡眠。

（3）田径运动可使人头脑清晰、思维敏锐。大脑的重量仅占体重的2%。但是身体需要的氧气来自流向心脏的总血流量的20%。这比肌肉训练多出15% ~ 20% 的血量。运动可以改善大脑的血液和氧气供应，并有助于大脑皮层的兴奋性。

田径和轻度运动也强调肌肉活动。完成练习所涉及的肌肉必须有规律地以协调的方式收缩。这需要的不仅仅是强壮的肌肉。这些过程实际上是在神经系统的控制和监督下发生的。这对神经系统来说是一个很好的练习，并提供有针对性和可控的刺激和抑制，体现在刺激增加，能更好地平衡身体并提高身体的灵活性，利用更短的反应时间，改善大脑和神经系统功能。经常锻炼的人往往很活跃、积极、精力充沛和足智多谋。

3. 田径运动与消化系统

（1）田径运动可增进肝脏的健康。肝脏是人体重要的消化器官。经常参加体育运动会改善肝功能，有利于消化。在运动过程中，能量糖材料的消耗增加，因此肝脏的"后勤供应"变得难以进行运动和功能发展。运动员肝脏中的糖原储备比正常人多。并且它们在运动过程中运输速度更快。肝糖原对肝脏健康非常重要，可以保护肝脏。经常参加体育运动的人，肝功能更高，抗病能力更强。此外，经常锻炼的人在肝糖原的使用方面更经济。可见，体育运动能有效改善肝脏健康。

（2）田径运动可促进食物的消化和营养物质的吸收。胃肠道是人体最重要的消化食物的器官。胃肠道的消化能力对身体的健康有着巨大的影响。有规律的体育运动使消化腺产生更多的胃液，加强胃肠道的蠕动，改善胃肠道的血流量。由于这些变化，营养物质的消化吸收更加彻底和顺畅。

运动时，膈肌上下运动，腹肌运动较多。对消化系统有按摩作用，对提高消化道的功能及效率有益。

4. 田径运动与运动系统

运动系统是提高人体柔韧性的基础材料。人体运动系统基本上由骨骼、关节和肌肉三部分组成。肌肉骨骼系统的主要功能是帮助人们完成基本的活动和运动。适当的运动会改善和加强人体的肌肉骨骼系统。

（1）田径运动对骨骼的作用。经常参与田径锻炼，可以增加血流量并刺激新陈代谢，可以增厚骨骼，增厚皮质，增加小梁密度，使骨骼更强壮。此外，当经常参加体育运动或锻炼的人因受伤而骨折时，愈合的过程比常人要快。然而，运动对骨骼的影响也有一些局限性。而且，投掷者四肢的变化更加明显。可以看出，要改善整个骨组织的结构和功能，需要进行大量的运动。田径运动对骨骼的影响也与年龄有关，生长发育期间经常锻炼可以促进骨骼的生长发育，如长跑、投掷等运动往往促进心肺和长骨的发育。运动还可以保持骨骼的柔韧性。

（2）田径运动对关节的作用。骨骼之间的关节通过韧带连接，关节是连接骨骼的中心。因为肌腱和韧带协同工作，所以运动也有同样的效果。田径运动可以使关节软骨增厚，增加抗压性并加强结缔组织，增加肌腱和韧带的强度以及与骨骼的连接点。

（3）田径运动对肌肉的作用。参加田径运动能改善肌肉纤维中的蛋白质合成。肌肉纤维变粗，肌肉中的营养物质过多。肌肉肥大是由肌原纤维增多引起的，肌原纤维使肌纤维变粗，导致肌肉肥大。除了肌肉纤维中蛋白质含量增加外，肌肉营养中的肥大还与肌浆中肌糖原、磷酸肌酸、三磷酸腺苷等能量物质的含量增加有关，肌肉中胶原纤维的含量大大增加。肌肉肥大可以反映在身体相应部位的周长上，例如经常练习投掷的人的臂围较粗，练习跳跃的人往往腿比较粗。随着肌肉体积的增加，他的体重也随之增加，一般情况下，肌肉量占体重的 35% ～ 40%。

经常参加田径运动或运动训练的人，尤其是那些强调静力学的运动，可能会改善肌肉质量，它占体重的 50% 以上时，肌肉形态和结构会发生变化。肌肉的功能也得到了改进，这主要体现在肌肉兴奋性和柔韧性的提高上。肌肉协调性也得到了显著改善。然而，这些肌肉变化通常以锻炼为重点，例如，频繁的速度锻炼可以提高警觉性和灵活性。显示运动速度、肌肉收缩和放松交替迅速，举重运动员的手臂和腿部肌肉太有营养，肌肉力量增加，纤维周围开放的毛细血管数量增加，确保了运动过程中肌肉细胞和血液之间的气体和物质交换顺畅，可以吸收足够的氧气和营养物质，并可以随着时间的推移排出体外，代谢产物。

5. 田径运动与心血管系统

（1）田径运动可使心室容量增大。定期的体育运动可以增加心肌细胞的蛋白质合成，增加心肌纤维的厚度，增加心肌的收缩，这使得心脏在每次收缩时向血管中注入更多的血液。

（2）田径运动可使血管壁弹性增强。定期的体育运动可以增加血管壁的柔韧性，这是非常有用的，因为它对人类健康有长期影响。随着年龄的增长，血管壁的柔韧性逐渐下降，容易导致高血压等退行性疾病，田径运动可以增加血管壁的柔韧性，并预防或缓解退行性高血压的症状。

（3）田径运动可使毛细血管大量开放。经常参加田径运动可以促进许多毛细血管的开放，这将加速血液和组织液的交换，加速新陈代谢，改善身体的能量供应。

（4）田径运动可使血脂含量降低。经常进行体育锻炼可以显著降低血脂（胆固醇、三酰甘油等）的含量，改变血脂的质量，有效预防高血压和血管引起的冠状动脉疾病，

（二）田径运动的生理特点

1. 走类项目的生理特点

走类项目主要是指竞走，竞走运动强度中等，动作技术具有周期性的特点，需要发展耐力素质，而对力量素质的要求不高。竞走运动的生理特点如下：

（1）运动性机能变化特点

肌肉特点：竞走支撑时间长，肌肉长期处于兴奋状态，缺乏舒缩的适宜交换。

易出现局部疲劳：肌肉紧张的持续时间长，易导致严重的局部疲劳。

（2）呼吸机能变化特点

需氧量特点：竞走运动每分需氧量不超过 3.5 升，低于最大摄氧量水平。

肺通气量特点：每分钟为 70 ～ 80 升。

氧处于稳定状态：竞走运动的需氧量低于最大摄氧量水平，所以运动时氧处于稳定状态。

（3）心血管机能变化的特点

心率特点：完成竞走运动后，脉搏可增至 150 ～ 180 次 / 分。

血压特点：竞走结束，收缩压可上升至 19.998 ～ 21.332 千帕(150 ～ 160 毫米汞柱)，舒张压一般比安静时下降 1.333 ～ 2.666 千帕（10 ～ 20 毫米汞柱）。

（4）中枢神经系统机能特点

兴奋的过程中肌肉长时间处于紧张状态，并向大脑发送大量反馈脉冲。这会触发皮层和运动中枢的感觉神经元。所以，有一个刺激的过程。均衡性与长跑和超长跑相比也有不同情况出现。

反应潜伏期缩短：因为神经过程的均衡性不高，所以竞走运动员反应潜伏期会缩短。

2. 跑类项目的生理特点

（1）短跑项目的生理特点

短跑属于动力性工作，其特点是最快速度、最大强度、持续时间最短、动作有周期性、运动强度最大。短跑运动主要是发展速度素质和爆发力素质，其竞技内容包括 100 米、200 米、400 米项目。

第一，运动机能的特点：①肌肉的兴奋性和机能活动性提高；②肌肉时值缩短；③参与活动的对抗肌时值相互接近。

第二，中枢神经系统机能特点：①神经过程灵活性高；②神经细胞易疲劳；③运动中兴奋过程比抑制过程占优势。

第三，呼吸机能特点：①需氧大，短跑时，肌肉工作强度最大，需氧量大；②氧量高，短跑强度大，需氧量多；③呼吸机能变化特点，短跑时呼吸机能变化不大，而短跑完成后机能明显升高，呼吸频率增至 35 次 / 分，肺通气量可达 70 ～ 80 升 / 分。

第四，血液和循环机能变化特点：心血管机能在短跑时变化不明显，短跑后机能升高。

第五，能量代谢特点：相对能量的消耗大，短跑运动时间短，所以相对能量消耗大。

（2）中跑项目的生理特点

田径运动中跑类项目属于动力性工作，动作有周期性，是次最大强度运动。田径竞技运动中，中跑包括男子 800 米、1500 米、3000 米项目，女子 800 米、1500 米项目。

第一，呼吸机能不能和运动机能同步进入工作状态，只有在 1500 米跑项目接近终点时，呼吸机能才可达到最高水平。

第二，中跑时，在跑程中植物性机能不能适应运动机能的要求，机能变化不能很快提高；1500 米跑接近终点时，植物性机能变化才可达到最高水平。心血管机能变化主要表现包括：①血压可达到人体最大值，收缩压间于 24.665 ～ 29.331 千帕（185 ～ 220 毫米汞柱），舒张压明显下降；②心率可达到人体最高指标，200 ～ 250 次 / 分；③每搏输出量为 150 ～ 210 毫升，每分输出量 30 ～ 40 升；④长期从事中跑训练，心脏体积可出现运动性心脏增大。

第三，中枢神经系统的机能特点：①机能稳定性较高；②神经过程灵活性较高；③神经细胞疲劳产生较快。

第四，中跑跑动中会缺氧，氧债不断增加，产生的乳酸也不断增多。

第五，运动供能以无氧代谢的乳酸系统供能为主，但也有有氧代谢供能。中跑总能量消耗约为 523.23 千焦以上。

（3）长跑项目的生理特点

长跑运动主要发展耐力素质，对力量素质要求不高；属于动力性、周期性、高强度的运动。其项目包括 5000 米、10000 米等。

第一，呼吸机能变化特点：①肺通气量增至 120 ～ 140 升 / 分；②呼吸频率，可达 50 次 / 分左右；③氧量百分比约占总需氧量的 15% ～ 22%。相对比短跑、中跑都要低。

第二，心血管机能变化特点：①每分输出量 30 ～ 35 升 / 分；②心率 200 ～ 220 次 / 分；③每搏输出量 120 ～ 180 毫升；④血压收缩压 19.998 ～ 23.998 千帕（150 ～ 180 毫米汞柱），舒张压明显下降。

第三，中枢神经系统机能变化特点：①协调性高；②机能稳定性高；③控制运动单位轮流活动。

第四，血液成分变化的特点：①血碱贮备量可减少 40% ～ 50%；②血 pH 值降至 7.0 ～ 7.2；③血乳酸，由于跑程中氧债逐渐积累，血乳酸含量逐步上升到 200%，尿乳酸也随之相应增加；④血糖含量有不同程度的降低。

3. 跳跃类项目的生理特点

田径运动竞赛项目中，跳跃类运动包括跳高、跳远、三级跳远和撑竿跳高等项目。跳跃类运动是混合性练习项目，其助跑阶段是周期性动作，踏跳、腾空等是非周期性动作。跳跃运动要求有良好的爆发力量、绝对速度、较好的弹跳性和柔韧性。

（1）中枢神经系统机能变化特点：跳跃运动的助跑对身体的影响多与短跑类似，加之跳跃部分属于灵敏项目，因此该项目运动神经过程的灵敏性高。

（2）感官机能的作用特点：①本体感觉的作用。头部在本体感觉中的位置对完成运动的非周期性部分起着重要作用。这是因为头部位置的变化会触发刺激，本体感受器和反射导致身体肌肉的张力分布并产生状态反应以确保完成移动；②视觉的作用。跳跃训练之前和期间，起点、跳跃点和踏板之间的距离必须可见，并且必须适当考虑水平轴的高度、深度和左右位置，因此对距离和空间位置的视觉准确评估对于完成操作是必不可少的；③位觉的作用。跳跃过程可以刺激前庭感受器，并且反射产生准确的反射和平滑的着陆反射，完成跳跃过程，同时提高前庭分析仪的稳定性。

（3）植物性机能变化特点：跳跃运动助跑距离短，跳跃动作时间短，而且每跳一次后有休息时间，所以各器官的机能变化不大。

4. 投掷类项目的生理特点

在田径运动中，投掷是一种力量和速度的练习。这需要通过肌肉爆发性力量和快速收缩来完成。

（1）中枢神经系统机能变化特点：标枪运动员训练条件反射的反应潜伏期与跑步的反应潜伏期相似，并且激活过程与抑制过程相比与短跑运动员的过程相同；此外，链球投掷者的神经平衡水平很高。

（2）运动器官特点：投掷和非投掷运动员的臂围存在显著差异，长时间的投掷增加了绝对力量和耐力，尤其是爆发力。

（3）感官机能的作用特点：投掷运动的结构复杂。在执行复杂运动时，视觉和前庭分析器发挥脉冲比例知觉的关键作用外，投掷和投掷后身体平衡的快速旋转会刺激平衡器官，使平衡器官很好地适应刺激，增强平衡功能的稳定性。

（4）因为练习的时间很少，有休息时间。运动后植物性机能不会发生明显变化。脉搏增加到每分钟 120 ～ 130 次，收缩压升高 1.333 ～ 4 千帕（10 ～ 30 毫米汞柱）。与休息状态相比，投掷者的肺活量绝对值较高。

三、田径运动的心理学因素

田径运动项目众多，学习和掌握好各项目运动技术的效果与心理因素有着密切的关系。

（一）情绪

第一，走、跑项目的运动技术与情绪。在各种步行和跑步项目中，运动员有强烈而明显的情感体验。其特点是运动参与者的生理状态发生变化而导致克服问题的力量增加。运动员的情感本质随着他们步行和跑步的距离而变化。

第二，跳跃、投掷项目的运动技术与情绪。强烈而爆发力强的情感体验是跳伞者必须具备的心理素质。它直接影响神经系统的兴奋性，改善肌肉收缩和速度，也用于跳跃，这种情绪体验可以让身体在跳跃后移动到最高点或最远点。

（二）意志

第一，走、跑项目的运动技术与意志。步行和跑步是有意识的锻炼。它的目标是以最大速度行驶一定距离并到达指定目的地（终点）。参与者必须表现出极大的意愿和决心。在这种类型的努力中，参与者必须克服各种内部和外部挑战，准确把握时机，明智分配权力，执行预定策略。在实践中，不同的步行项目或步行距离会改变参与者的需求、意图和质量。长跑的参赛者必须具备意志坚强的品质：毅力、自制力、冷静和果断。中长跑是一项具有挑战性的项目，参与者必须有信心和其他素质。跑步最主要是克服最大速度带来的身心压力。参赛者必须利用一切机会跑到最后。意志最重要的品质是自信。

第二，跳跃项目的运动技术与意志。跳跃是在垂直或水平方向克服身体的障碍，以达到最大的运动训练效果。这种有意识的努力体现在克服学生内部和外部的困难上。智能发力和充分锻炼也体现了通过加强和动员克服身心压力的潜力。因此，跳跃参与者的任性属性是自我控制的特征。

第三，投掷项目的运动技术与意志。投掷参与者的意志和努力程度与克服过度压力造成的强烈身心压力的难度有关。因此，其意志品质十分重要。

（三）注意力

第一，走、跑项目的运动技术与注意事项。针对不同类型的比赛和跑步的步行技术是重复性和高度"自动化"的，所以所有的注意力都集中在解决目前运行中的主要问题上。在训练冲刺跑起步时注意力集中在开始和识别触发信号上。以快速起步为目标，对跑步和中长跑的兴趣是有意兴趣的不断体现。活动中的警惕性，一方面表明如何采取正确的技术措施，另一方面表明如何合理分配力量、调整速度和必须采取的战术措施。当步行和长距离跑步时，外部刺激的影响会导致不自觉的注意力。这会对正确控制运行速度产生负面影响。然而，随着疲劳程度的增加，有时需要将注意力从身心活动转移到其他领域。

第二，跳跃项目的运动技术与注意事项。跳跃运动技术的特点是在所有技术流程的实施中具有高度复杂的协调性和"自动化"。学生的注意力集中在解决当前的核心任务上。同时，学习者需要更高的发展兴趣，以及分配和转移的能力，例如在启动完成时，学习者应该正确地将他们的心理活动与跑步者肌肉的活动保持一致。

第三，投掷项目的运动技术与注意事项。投掷比赛以力量为主，而且它们的动作更复杂，协调性也更高。高度的兴趣和强烈传达的能力是该项目参与者的主要特征。因为在技术执行时学习者必须认真关注并专注于整个实施过程。包括握住设备、准备姿势、移动或转动最大化力量以及由于每次投掷之间的间隙而导致的投掷速度和角度。因此，学习者需要培养更高的同时传递注意力的能力，以免通过无意识地使用精神能量来影响练习的效果。

（四）运动知觉

运动知觉是人脑对身体运动的外观和状态的反映。它是由重力、速度、肌肉、力等多种感觉要素组成的复杂知觉，人脑在外界物体运动状态下的反映称为物体运动的知觉。而人脑在自身运动状态下的反映称为对物体运动的感知。两种类型的运动检测在竞技技术能力中都有特定的功能。精确和协调的运动是通过非常不同的运动感知实现的。

第一，走、跑项目的速度知觉。速度感知是跑步者和跑步参与者的重要心理方面。准确地评估身体耐力和力量分配是运动员重要的心理因素。

对速度的感知大部分反映身体时间的变化：一方面，它可以通过视觉和音频信号感知高速反射；另一方面，它可以通过信号运动和肌肉感觉来判断。每个人都可以通过自己对肌肉敏感性的体验来区分身体运动的速度和连续性。而这种改变的能力是通过重复锻炼来提高的。此外，表现出色的运动员能够利用身体变化的感官知觉，例如心跳、脉搏、呼吸、血流量等来评估跑步速度。

第二，跳跃项目的速度知觉与空间知觉。对速度和空间的感知是塑造跳跃技术的重要心理特征。正确分配和使用力量，捕捉节奏，对节奏的感觉以及在冲刺过程中准确估计起跳距离和横梁高度的能力是通过差异化发展而形成的认知。

第三，投掷项目的专门化知觉。在任何特定项目中，设备的手感都是决定投掷技术的重要心理因素。它是能够使用各种运动器材的重要心理基础。通过肌肉运动、触觉、视觉和平衡的参与，以及精确的技术运动，特别是肌肉运动设备的感官将逐渐发展。

（五）心理定向

心理定向是学习和提高技术动作的重要心理前提。心理取向往往导致心理活动的广泛反应和变化。这将影响有意义的技术的形成。正确的心理导向可以将动作的内容和结构与技术动作的性质完美地结合起来，此时学习者会在心理上设计一种动作模式来实现目标。这些模式反映了活动的结果。并且所有的动作都可以根据这个结果进行调整，因此心理取向以三种主要方式影响跳远技术动作结构的形成：速度型、力型和混合型。这种心理取向的差异主要表现在时间、空间和速度的参数上。基于速度的定向意味着在锻炼时专注于最大化的速度。

在学习运动技巧方面，不同的训练方法和做法会引导学生发展不同的心理方向，并且不同的前期心理方向会对不同技术特征和技术风格的形成产生重大影响。

第二节 高校田径运动的教学及改革

一、高校田径运动的教学理念

(一)"健康第一"

1."健康第一"理念树立的客观依据

（1）以教育事业的发展来看，健康教育思想与体育教育发展是相符合的，体育健康教育思想是从心理、生理以及社会三个角度来定义的。现阶段，健康教育思想已经普及到各地。实际上无论是哪一个阶段的体育工作，都应该以健康第一的教育思想来进行调整。目前各大高校体育教学工作的改革应以健康教育为主将大学生体育健康教育放在教育工作的首位。在学生的学习与训练过程中，逐渐渗透健康教育的理念，让学生养成终身体育的意识与习惯，无论是在校园中还是在今后的就业环境之中，都能够保持体育锻炼的习惯。我国相关部门也对高校提出了体育教学的要求，要秉承健康第一的指导思想，在教育工作中给予学生身心健康方面足够多的关注。综上来看高校体育事业的发展与健康第一的指导观念是协调统一的。

（2）体育健康教育指导思想与现阶段社会发展需求是相辅相成的，以目前社会科学技术的发展来看，我国的综合实力在不断增强。实现这一现状的根本因素是专业人才与劳动者素质相结合。从我国教育事业发展的角度来看，体育健康教育思想既是体育事业发展遇到的机遇也是一项挑战。现阶段社会市场经济的竞争是非常激烈的，如果想要培养出高质量的专业型人才就需要使这类人才具有明确的政治思想，也需要具备扎实的科学知识以及过硬的技术能力。与此同时，专业性人才还必须要具备强健的体魄与坚定的精神。所以高校体育教学，要以学生的身心发展为核心，在教育工作中渗透教育健康第一的思想，摒弃传统教育中与现代社会发展不相符的教学模式、教学思想以及体育教学内容。

在体育教学过程中，一定要总结以往的经验和教训，将不符合现阶段社会发展，未来社会经济建设的相关教学手段摒弃掉。在田径体育教学中全面落实党的教育方针，拓展体育教学工作的力度，为学生普及全民健身的意识以及卫生保健的思想，让学生了解到健康体育和卫生。通过实践能够看出，如果学生积极参加体育项目运动不仅能够使自身的体魄得到强化，也能够增强大学生的身体免疫力，还能够开发大学生的智力。无论是从社会发展还是个人发展的角度来看，参加体育项目都是有利的。

2. 高校体育与健康教育的目标

（1）在高校体育田径教学中，要将健康标准渗透在教育工作的各个环节，也要将其融合到教学内容当中。教师需要为学生普及关于田径运动项目的锻炼知识，让学生真正了解到健康体育的目的，由此便可以培养学生终身体育的意识以及终身健康的行为。在高校体育教学中，学校应该以最新的学生体质健康测试标准为核心，结合院校所处地区的自然条件、教育资源以及体育院校本身的办学特点，来对学生体质健康测试标准进行调整。与传统的学生体质、健康检测标准不同，新型的学生体质健康检测标准，不再强求学生各项运动都能够达标，而是给予学生是否能够树立终身锻炼的意识以更多的关注。

（2）高校的体育健康教育体系需要进一步完善。相对比其他学科来说，体育学科自身的知识面与文化底蕴是非常雄厚的。所以高校田径体育教学应增加体育人文学方面的内容、运动人体学方面的内容、健康教育学方面的内容。以此，才能够使高校田径体育课程不仅具有科学性，还具有人文性。另外还能够提高高校田径课程的教学意义，同时学生对田径体育课程的兴趣也会有所提升。此外，在高校体育健康教育体系中，还应该增加关于学生身心健康发展的基础性知识，常识性内容。通过健康教育体系中的内容培养学生科学的生活与学习习惯，塑造健康的心理状态。

（3）在高校体育教学中渗透健康第一的教育指导思想。以目前教育事业的发展来看知识的更新以及边缘学科的发展是非常迅速的，同时大学生需要面对社会市场经济中非常激烈的竞争。那么大学生仅凭强健的身体、综合的素质，以及复杂的知识结构，并不能满足当前社会发展的需求。以此为背景，我国提出了健康第一的教育指导思想。教育部门下发了更高的教育指令，在培养学生身心健康，思想意志的同时，也要注重新型高素质人才的塑造与培养。高校体育教学要将健康第一的指导思想，作为教育工作中光荣的使命。对比以往以增强体质为主的体育教育工作来看，现阶段将健康第一指导思想作为工作首要目标的新型教学模式，符合社会新型发展观。

（二）"终身体育"

1. "终身体育"教学理念的阐述

"终身体育"可以从两个方面进行阐述：①我们在生命过程中进行所有有效的身体锻炼，被称作终身体育；②我们在生命过程中所接受的所有关于体育教育的内容的总和，被称作终身体育。

终身体育可以理解为随着生命的开始而开始，随着生命的结束而结束，也就是说终身体育是渗透在我们一生当中的整体体育活动形式，也是整个生命过程中外延性的，持续性的，贯穿于体育教育的整个过程。从生命的每一个阶段来划分终身教育的全过程，那么终身教育可以分为三个不同的教育层次：一是学前体育教育，二是学校体育教育，三是社会体育教育。高校体育教育是学校体育教育中非常重要的一部分。

直到迈入 21 世纪之后，大多数高校在教育工作上发生了一些观念、思想、方式上的变化。田径体育教育工作更倾向于学生了，在学生评价体系中，不再强调以往一味追求竞技水平的测评方式，转而更加注重大学生在田径运动项目中的参与度，以及体育课程内容是否具有教育性。在体育课堂上，教师更加注重与学生之间的沟通和互动，通过二者的合作能够精心策划出具有教育性的田径体育课程内容，能够帮助学生在未来的职业规划中，突出个人的人际交往能力，同时还可以帮助学生缓解心理上的压力，并帮助学生更好地与社会需求相匹配。所以在高校田径体育教育工作中，教育者一定要帮助学生树立终身体育的锻炼理念，帮助学生塑造健康的身心，帮助学生塑造正确的精神面貌，以此才能有效提升大学生现阶段在校园中的生活质量，也能够为大学生未来从业奠定一定的基础。如果学生在田径体育运动中，逐渐能够意识到体育运动项目对于个人身心发展来说具有的重要作用，学生就会更加积极主动地参与到田径体育项目当中，将体育锻炼作为终身的习惯。

2. "终身体育"教学理念的培育

（1）教师要在田径体育教育过程中逐渐帮助学生养成"终身体育"的相关意识。以学生为主体，对其逐渐渗透"终身体育"教育的含义以及重要性，教师要做的工作就是帮助学生增强对体育运动的认知，通过心理学方面的内容能够看出，认知事物是行为的前提条件，而行为是基于个人的动机和兴趣才能够产生的一种心理表现形式。所以教师需要注意的是帮助学生在田径体育学习过程中保持积极正确的态度，能够对田径体育学习拥有一个正确的动机。教师需要激发学生参与体育锻炼的兴趣，在日常的练习过程中，为学生讲授卫生保健方面的相关知识和相关技能。

在田径体育教学过程中，不要一味追求理论，也不要一味追求实践。只有将理论与实践相结合，才能使学生具有终身体育的正确认知。教师还需要引导学生将"终身体育"观念逐渐延伸到校园生活之外，将田径体育社会化作为最根本的目标。只有学生能够正确认识到全民健身的重要性，才能够实现"终身体育"这一认知的社会价值。以田径体育项目教学来说，教师应该在具体的教学过程中让学生树立终身受益这一体育目标，然后在每单元的课程中，对课内和课外的活动作出相应的要求和标准。

（2）高校田径体育教学目标应及时作出调整。以新课程为目标，分析高校体育发展的整体战略，能够看出"终身体育"思想是现阶段高校体育教育工作发展的核心内容之一。以现阶段社会发展的形势来看，若是在教育工作中，只追求学生有机体的纯生物学改造，并不能满足学生在体育学习过程中，自我价值与自我要求的实现。以"终身体育"这一观念来看，现阶段的高校体育工作已经注入了新的活力，学生们已经在自我认知，自我完善、自我反思等方面有了大幅度的提升。这就说明学生的生命本身在终身教育的理念下，已经得到了改造和完善。那么高校体育教育工作是为学生实施终身体育教育的主要基地，也就是说终身体育能够帮助学生实现全面发展，其中包括学生的身体素质，精神素养等，也可以塑造学生的思想道德品质以及各个方面的再教育，等等。

从现阶段教育事业的发展来看，高校体育教学已经不再是以往传统的校园生活为主的体育教学形式，而是逐渐转变为学生提供终身体育观念的主渠道和主阵地。所以高校体育教学工作要以强身育人为最基本的目标，将终身教育贯穿到日常的体育教学工作当中，为学生提供终身受益的教学内容，并且结合高校自身办学的特色，以及体育教育工作实施的情况来改善现阶段的高校田径体育教学教育任务。

（三）"以人为本"

1."以人为本"教学理念的认知

在高校田径体育教学工作中，教师一定要坚持"以人为本"的基本原则，为学生提供全面的教学内容，以实现高校体育教育事业的可持续发展。以现阶段社会发展新形势来看我国高校，在田径体育教育工作的改革与创新中，要不断落实"以人为本"的理念。在马克思历史唯物主义中提到这样的一个观点："以人为本"中的人，不仅仅指的是个体，也可以代表群体，那么其自身不仅拥有自然属性，还具备社会属性。现阶段正值教育事业改革创新的新时期，所以要将以人为本作为改革创新工作的基础，要将科教兴国战略坚定不移地落实在高校田径体育教育改革创新当中，以实现人才强国这一战略。这样才能使不断提升的人民群众日益增长的发展需求、教育需求以及生活需求得到满足。在教育领域中的"以人为本"，不仅仅涉及教师，更多的是指学生。

实际上教育是人类社会独有的一种现象。其来源是社会学理论。早在商周时期，就已经提出民本思想，强调将人民作为国家发展的基础。在之后的社会发展进程中，民本思想理论基本上都得到了认可。春秋时期的儒家倡导仁者爱人的思想。在战国时期，齐国曾经提出以人为本的治国理论。后来孟子提出，以民为国家之本这一思想。实际上，古时候人们所提倡的民本思想，并不是我们今天所提到的以人为本的思想，二者之间存在一定的差异。从我国的教育史上能够看出，民本思想对教育产生了非常大的影响，诸多教育学家在研讨教育工作的根本目的、有效方法以及便捷途径时，一般都是以人性为前提，将美好人格塑造作为教育的根本手段，能够看出，民本思想对教育产生的影响是非常深远的。

2. "以人为本"教学理念的培育

在高校田径体育教学过程中，需要不断落实科学发展观，同时还要以和谐社会构建为基础，将"以人为本"的教育思想，渗透在教学内容当中。在高校教育体系中，作为重要组成结构之一的田径体育教育内容，要从教育目标，教育内容等工作上，认真落实"以人为本"的教育思想，这对于高校田径体育工作的改革与创新具有非常重要的意义。

（1）在高校公共体育教育工作中，一定要落实"以人为本"的教学思想。每一名学生都是独立存在的生命个体，无论是在校园生活中还是在社会环境中，都需要得到认可与尊重。那么在大学教育过程中一定要树立"以人为本"的教学思想。基于这样的教学要求，就需要高校在办学之初，能够整合有效的田径体育教学资源，为人才培养工作奠定基础，以此才能为学生在田径体育课程的学习中提供优质的条件和环境，同时也能够大力发展田径体育教师队伍。高校田径教学应遵从的原则是对学生高度负责，为其提供尽量充足的田径体育教学资源，使学生能够在学习期间得到与自身发展、自身需求相匹配的田径知识和运动技能等。

在高校田径体育教学中，教师需要了解每一名学生的身心发展情况，要将个体差异与个性发展作为教学工作的重点。以学生个体差异为核心，制定并完善现有的田径运动教学培养方案，以科学的角度构建田径课程体系。同时教师还要注重基于现代技术的教学方变革，使学生能够通过新型的教学方式发现田径运动的号召力以及感染力，让学生对田径体育的学习充满主动性和积极性。"以人为本"教育理念倡导的是时刻关注每一名学生身心发展情况，要在教育教学工作中树立起为学生服务的理念，使学生在田径体育学习过程中，既能够得到全面的发展，也能够得到个性化的培养。

（2）在高校公共体育教学工作中还需要强调教师的主体位置。虽然学生是受教育的主体，可是无论是从教育培养的角度来看，还是实现学生全面发展的角度，不能否定的是，教师是促使学生培养以及学生发展实现的落实者。所以在田径体育教学过程中也要强调以教师为本，那么，这就需要高校在办学之初，能够从教师的角度来考虑，为每一名教师提供良好的工作环境和工作氛围，对教师的工作量作出合理的规划，同时科学合理地制定教师评价体系，还需要为每一名教师提供一定的科研支持以及体育教育基本设施资源等等。在教师教育工作管理制度中不能一味强调强制性，还应该注重人性化的管理措施，要引导教师自觉且积极地履行自身的教育义务和责任。另外，给予教师充分的理解、信任和尊重，在工作管理条例中不要用过多的规则和制度将教师固定在条框之中，使其教育行为受到约束。

二、高校田径运动的课程改革

（一）突出素质教育

我国的经济发展水平越来越快，人们的生活水平，物质水平也在不断地提高。现阶段高校体育课程的教育目标一定要以学生的身心发展为主，对学生进行文化、思想、生活、技能等多方面的教育，而且要将这些教育渗透到田径教学工作中，以培养出素质教育全面发展的综合型人才。

与其他运动相对比来看，田径体育运动项目存在枯燥性，其自身的趣味性不是非常高，所以在田径运动的学习与训练当中，学生一定要具有克服困难的精神。也正是因为田径运动的这些特征，才使得田径运动与其他运动相比更具功能性。例如，在练习跳高或者跨栏运动的时候，对于学生来说发展的不仅仅是自身的灵敏度和速度，更重要的是学生会通过练习，学会克服困难，克服障碍，能够通过田径运动的学习和练习，让学生养成勇敢顽强的身心素质。

（二）重视学生体质发展

我国教育部门已经对各大高校提出具体的教学要求，要求在一定时间段之内，对大学生的体质进行健康测试，具体的测试内容包括1千米、50米，以及立定跳远。这些测试项目，想要测试学生的耐久力、速度以及弹跳能力。从中可以看出，这些测试项目与田径运动教学和田径运动健身的最终目的是相统一的。对大学生展开定期测试的目的是将田径运动渗透进高校体育当中。通过健康测试，能够培养大学生的身体素质，也能够让大学生的心理素质得到健康的发展。同时，这些田径测试项目能够为大学生学习其他体育项目提供一定的动作技术基础。

大学生在体育课程选修中，比较倾向的运动项目有体操、武术以及散打。相对来说，这些项目的练习与学习形式也是非常单调的。还有一些学生比较倾向于球类运动，例如篮球、足球、排球等，这些项目能够让学生的身体素质得到比较全面的发展和锻炼。同时学生也会对自己的身体素质有一个全面的了解。如果学生在球类的练习过程中，并没有完全掌握其基础技术。就会在日后的训练过程中出现中断，出现积极性不高的情况，甚至会出现运动负荷不足的现象。解决这一现象的主要途径，就是在大学生选择的这些运动项目中渗透一些有关于田径项目的基础动作和技术，来调节大学生的接受能力和练习情绪，最重要的是田径的基础动作能够在一定程度上弥补大学生身心素质上的不足。学生会对自己的运动素质和自己掌握基础动作方面的能力有一定的了解。另外要对选择不同体育项目的大学生有统一的要求。以此才能培养出大学生不怕苦，不怕累的特点，培养其坚韧不拔的心理素质。

1. 教学中融入生命教育意识的培育

教师需要能够展示出自己的生命层次，也需要体现出本职工作的具体意义。那么教师也需要从自身的知识积累出发，不断地学习田径方面的健身知识、理论知识以及实践知识。并且以现阶段社会的发展为核心，拓展自己的田径知识面，例如野外生存、定向越野、田径趣味游戏等。在教育工作上，以生命教育为主题，对学生的生命教育给予足够的重视；在课余的时间里丰富自己的知识储备，有必要的情况下，可以从国外的先进教育理念中汲取一些生命教育相关的教学内容。最重要的是田径体育教师需要在工作中激发出对生命的激情，对工作的积极态度，只有确保自己的身心处于健康的状态，自己具备启发学生和教育学生的能力，才能够真正实现田径体育的教育，才能够从肢体动作上去感染每一名学生，激发学生对田径体育运动项目的热情。

2. 确立新型师生观，促进学生健康发展

（1）以人性化建立师生观。高校体育教师在具体的教学工作中要给予学生更多的关注，尤其是生命健康方面，安全与幸福方面。教师应该在教育工作中给予更多的包容，让学生能够理解田径课程与人类健康之间的相互作用。教师要时刻关注每一名学生在田径课程学习中的动态变化，以生命教育理念为核心，将人性化的师生观，落实到田径课程教育工作当中。

（2）以个性化建立师生观。每一位学生都是独立存在的个体，具有完整性，也具有特殊性在田径课程的教学过程中，要构建出以个性化为主题的师生观。体育教师的作用是指导和引导，教师需要尊重每一名学生的个性化特征，在教学过程中需要针对不同学生提供不同的教学内容，时刻注重学生个性化差异的变化，对学生要做到因材施教，以此才能实现学生在田径课程中的全面发展。

（3）以发展性建立师生观。发展性的师生观于田径类课程教育来说，要求体育教师能够做到，在对待每一名学生时都保有欣赏和发展的眼光。另外在日常的学习和实践过程中，教师需要给予学生公平的学习和参与机会。只有这样才能让学生得到全面的发展，健康的发展，为学生提供轻松的成长环境。现阶段学生在学习上的追求有所提高，其中涵盖了学习品质、学习态度、学习能动性以及生活方式等。所以体育教师需要做到的是，将自己的知识领域逐渐拓宽，在课程当中要与学生积极地进行互动。还需要逐渐引导学生参与到教学工作当中，无论是教学模式还是教学手段，都需要教师去引导学生，让学生参与到教学组织当中，这样才能够培养出学生日后就业过程中的创新意识。

3. 将生命教育理念融入田径课程目标

在传统的田径课程教学中，教师注重的是学生的竞技能力以及最终的

学习成绩，并没有过多地关注学生通过田径类课程是否掌握了健身方面的技能，以及田径课程实践训练为学生带来的实际意义。

在田径类课程内容中融入了生命教育理念之后，就等同于将健康第一的观念，快乐体育的思想与田径类课程内容相融合了。以此为教育前提，就需要教育工作者在教学过程中将学生的生命健康作为教育的首要任务，也就是说，生命的理想状态就是健康状态，这是一种美好的追求。教师在提高学生生存能力的同时，更重要的是塑造学生正确的三观，使其具有坚韧的思想和勇敢的精神。通过田径课程内容的实践以及野外拓展项目的训练，能够塑造出学生更强的抗压能力和抗挫折能力，让学生真正意识到生命的价值，使其在日后不仅能够更好地享受生活，而且能够发现生活中的美，也能够更加热爱生命，最重要的是学生会因此而树立终身体育的思想。这样的融合不仅能够提升学生的整体素质，还能够为学生的全面发展奠定基础，也能够丰富学生的精神层面，还能够以社会层面为核心突出生命教育的意义。在田径课程内容中，渗透生命教育理念是高等院校体育教学工作实现全面发展所必经的道路之一。

第三节　高校田径运动的技术教学与评价

一、高校田径运动的技术教学

（一）田径运动技术教学的目标

为了更好地适应基础教育中体育与健康课程改革和发展，高校体育专业的教学工作要围绕教育教学、竞赛、训练等方面，培养全面的体育人才，使其能够在就业时更倾向于选择参与研究学校体育教育、高校体育管理和公共体育指导。那么，该方案中再次优化了高校体育主干课程的领域化教学思路，并对其进行了重构，将与其相关的课程都纳入田径课程，其中包括：田径课程、户外运动课程、定向越野课程、野外生存课程。从以下方面来分析高校体育田径课程的教学目标：

第一，充分发展基本的运动技能，如行走、跑步、跳跃、投掷和生存技能，以提高身体素质，这样才能奠定田径和其他技术课程的基础。

第二，了解并熟知田径课程的基本理论知识和基本技术，同时，运动技能也要达到一定的水平。

第三，一定要有田径课程教学的基本技能，针对组织比赛、重大赛事评判也需要具备比较专业的技能，同时，还需要具有领导、管理田径健身的技能。

简而言之，田径运动教学的核心目标就是通过田径运动发展学生体能，掌握田径运动基本理论知识和运动技能，这是从事田径运动教学训练、科学研究、学校体育管理及社会体育指导等工作的重要基础。在田径课程教学与设计中，要以田径教学目标为导向，要把全面发展学生走、跑、跳、投等基本运动能力，提高学生体能以及掌握田径运动基本理论和运动技能作为重点，通过科学设计和选择合理的练习手段与方法，有效地达成田径课程教学目标。

（二）田径运动技术教学的模式

1. 简单技能教学的模式

简单的运动技能指的是通过些许的练习就能够学会的技能，这些简单的运动技能在学习的时候是十分容易的，大概率可以通过直接的观察就能够学会。有些初学者在学习简单的运动技能时是通过现场或电视上的观看就能够直接学会。但是确定一个技能是简单还是困难却并不是一件容易的事情，只有初学者能够在短时间内就能很轻松地学会这项技能，才能称这项技能为简单技能。而如果有些技能相对于某些人来说很容易，但是学习者在学习和练习的过程中却感到很困难，那么就不能称它为简单技能，而应该将它分类为复杂技能。有一些简单技能因为学习者当时的心理状态，如因为接触到新东西时的紧张和害怕的情绪等，使得学习起来很复杂，这个时候，如果并不能很好地确定这个技能究竟是否为简单技能，那么就应该按照复杂技能来进行教学。

简单技能教学有两种常用的方法，模仿方法，示范、讲解、练习、纠正方法。

（1）模仿方法。简单的模仿常常是学生学习的最好方法。它要求学生将注意力集中在要模仿的动作上，如果模仿是准确的，应当给予肯定，当需要做小的纠正时，要用清楚的方式指出。

（2）示范、讲解、练习、纠正方法。这个方法的运用步骤为：第一，示范并进行简单的讲解；第二，留出时间练习，仔细观察，找出正确的动作和共同的错误；第三，练习进行时提供信息，在必要的情况下中断练习，强调正确动作，提出改正错误动作的建议。

2. 复杂技能教学的模式

运用不同的方法来教授复杂的运动技能，但它们都以某种方式简化了技能，以促进学习。在教授复杂技能时，一般采用两种学习模式：塑造法和链接法。

（1）塑造法教学模式。塑造法就是一种简化技能的学习方法，例如，在教授复杂技能时降低技术复杂程度。这种方法能够以降低技术整体要求的形式来实现，也能够以更换体育器材、外部保护的形式来实现，从而使学习者能够真正通过教师的教授学会运动技能。塑造法的基本过程如下：

第一，教师示范并简要解释所教技能的学习过程。

第二，通过简化技能的形式或纳入全技能中主要技术动作的形式，使学生能够很好地完成。

第三，学生要多加练习简化后的主要技能。

（2）链接法教学模式。链接法教学模式就是将分解的技能链接在一起。一个复杂技术是由几个简单的部分组成的，每个部分可以被认为是一条链中的一个环节。为了使技能的链接更有效，要尽量早地将分解部分联系起来组成完整技能。在学习的中级阶段，学生可以进行运动技能的分解练习，但结束时一定要进行完整技能练习，将各个环节连成一条链。

（三）田径运动技术教学的步骤

学习新运动技能过程，一般分为讲解和示范、运动技能练习、教学反馈等步骤。

1. 讲解与示范

先要确定运动技能对学生来说是简单的还是复杂的，并据此选择恰当的方法进行技能教学，然后决定说什么及寻找最简明扼要的说明，再就是确定是否用辅助物。辅助物可以是表、图、电影或录像带，在用辅助物之前，必须确认辅助物可对示范起重要的补充作用，否则不要使用。如果将准备好的辅助物展示在墙上或告示板上，学生在学习技能后能够参考，就会发挥最大的作用，这样的辅助物还将有助于学生回忆示范的细节。

在传授运动技术时，示范是一种常用的手段。讲解与示范结合在一起有助于学生对要学的运动技能有所了解。当示范一项运动技能时，首要考虑的问题就是谁来做示范。示范的最佳人选是受过专项训练的高水平专业学生和技术熟练的体育教师。正确规范的技术动作不仅有利于学生建立正确的动作表象，而且有利于教师得到学生的尊敬并增加学习的信心。在教师不能熟练完成技术动作时，要找一个可以熟练完成动作的替代者或学生来代替任课教师完成示范。在没有合适的人进行示范的情况下，可以用电影或录像来进行示范，可用慢动作来集中示范那些在正常速度下难以仿效的动作，但在使用慢动作前和后，总要用正常速度放同一动作。

示范的时机也是影响技能学习效果的因素。在运动技能学习中，教师讲解动作要领，然后让学生自己体会动作，继而教师进行示范教学，其后再让学生练习来体会动作。教学中，在学生开始练习前进行示范帮助学生建立正确的运动表象；在练习一段时间后，帮助学生理解技术动作要点并帮助纠正错误动作技术。随着运动技能熟练程度的增加，动作示范的频次减少，并逐渐转为语言提示。如果学生较多，要选择一个有效的队形。队形的形式要根据实际训练的学生人数决定，其目的是让所有的人都能清楚地看到和听到教师的讲解和示范。教师在示范时要考虑学生观看示范的最佳角度，应明确告诉学生应从哪个（哪些）角度看技能示范，以保证学生从不同的角度看到技能动作。教师将学生的注意力集中在动作的节奏时，声音也可以用来作为帮助学生学习技能的模型。教师可以用口令或拍掌发出的声音，以表示和强调正确的节奏。在三级跳远、跨栏栏间的三步跑以及标枪的最后五步技能的教学训练中，这种声音提示是很有用的。将声音提示与好的口头讲解及视觉示范结合起来，可使技能的学习更有效。值得注意的是，用于讲解和示范的总时间从头到尾不应超过 3 ~ 4 分钟，如果所用时间过长，就会过多地重复动作或者讲解示范得过细。

2. 运动技能的练习

教师进行运作示范后，学生应立刻开始练习。练习的队形应使尽可能多的学生安全有效地练习技能。这样可以营造一种学生不怕做错动作的氛围，因为错误动作是学习过程中不可避免的部分。在技能训练开始时，学生不应处于疲劳状态，当疲劳开始影响动作的完成时，就应停止练习。高水平学生有时则需要在疲劳的情况下练习技能以模仿比赛时的条件。一般来说，技能练习持续时间不应超过 20 分钟。

运动技能的形成过程，是多种感觉机能参与下，在大脑皮层运动中枢所建立起的暂时神经联系。特别是肌肉本体感觉，对形成运动技能具有特殊意义，没有正确的肌肉感觉就不能形成运动技能。在田径运动技能学习过程中，通过各种专门性练习，不仅有利于学生尽快掌握正确技术，建立正确的动力定型，而且还可以克服运动技能学习过程中的单调乏味，激发学生学习的兴趣，提高练习的积极性。

田径技能学习中的各种练习形式很多，包括引导性练习、专门性练习、辅助性练习和专项练习等，需要在教学中根据情况来选择和运用。选择何种专门性练习，首要的标准就是促进运动技能的形成和发展；专门练习的量取决于专门性练习的性质和学生掌握的程度，有的专门性练习可能贯彻整个运动技术的学习过程，有的专门性练习可能只需要练习几次就可以了。在投掷项目运动技能学习过程中，专门性练习的选用，一般从徒手到持辅助器械，到轻器械，最后用标准器械。贯彻由易至难，循序渐进原则，有利于动作技能的形成。有些专门性练习（分解练习）不宜过多采用，学生一旦掌握就立即转入下一个练习，及时将相邻的两个技术环节结合来进行教学。

在日常的教学过程中，为了能够很好地掌握一项技术，必须要进行一系列的练习。但在对这些练习进行具体的选择和运用的时候，想要技术动作能够完全地掌握并进行有效的提高，那么就必须要注意技能之间迁移的问题，以避免出现一些不必要的问题。在教学中，如何选择最为有效的专门练习，是能够让学生学会一些复杂技能的关键所在。而在进行专门练习时，最主要的就是要注意技术与练习之间的共同点，这些共同点既包括了技术动作的外形和视觉效果方面，也包括技术的练习过程。学习者们只有将完整的技术动作中的肌肉发力方式完全掌握才能够说明技术的专门练习是有成效的，并且技术的各项练习之间是存在迁移的问题的。在体育教学中，如何安排练习的先后顺序，也是一项十分重要的工作。

3. 教学反馈的运用

反馈就是在反应过程中产生的输出信息又传回到控制部分，并影响控制部位的功能，使传出的信息更加精确。在运动技能形成过程中，由感觉器官、神经中枢、脊髓神经元和效应器共同形成一个信息反馈通道。无论采用何种方法教一种技能，仅仅靠练习是不足以使学生正确学会的。反馈是学生完成动作后，从各个方面收到的有关其完成情况的信息。这种信息可以分成：内部反馈和外部反馈。

（1）内部反馈。内部反馈指的是一个学生通过视觉、听觉、触觉等所有的感觉器官收到的信息。我们可以想象让运动员戴眼罩用起跑器起跑参加一次跨栏比赛的情况。这对有经验的运动员将是非常困难的，而对初学者则几乎是不可能的。视觉是学生获得有关周围环境以及完成技能的信息途径之一。

给学生提供内部反馈的另一个重要来源是大脑从身体接收的有关动作感觉的信息，这些信息是从肌肉、肌腱以及关节传到大脑的。它们告诉大脑肌肉的情况——肌肉的收缩速度以及关节和肢体的位置等。这种通过"肉眼"获得的信息称为运动本体反馈。本体感受器具有感知位觉能力，使由中枢输出的部分信息，不断地返回到中枢，经中枢调整后再次下达的指令，使动作不断得到校正和完善。大多数年轻学生的运动本体感觉发展是不够的，他们主要通过视觉获得学习技能的反馈。运动本体感觉和反馈的发展给学生提供了对运动技能节奏的稳定感觉。随着学生进入技能学习的中级阶段，运动本体反馈的作用变得越来越重要。

在比赛的情况下，学生仅能依靠个人的各种感觉和动作的结果指导自己，因此，教师有教育学生认识和利用内部反馈的责任。在训练课的技能部分，教师必须不断地询问一些问题，学生还要了解造成他们的动作结果的原因，这样可以纠正错误动作，而不去考虑以前动作。

（2）外部反馈。外部反馈是学生通常不能自己从动作完成的结果中获得的信息。这种信息的来源在学生的外部，包括教师、其他学生、镜子以及摄像机等。有效的技能学习外部反馈曲线表明，外部反馈与内部反馈相结合，更有利于学生技能的学习。外部反馈很简单，它是从学生的外部获得自身所做动作正确与否的信息，从而有利于学生掌握动作。动作定型就是大脑对动作的记忆。建立动力定型是掌握特定技术动作的基础。教师利用从各种来源得到的外部反馈，给学生提供准确而有用的信息。这种反馈的正确使用有加快学习过程的效果。

（四）田径运动技术教学的方法

教学方法是多样的，不同的划分标准就有不同的教学方法分类。根据一定的标准和各种方法所具有的共同特点，可把众多的教学方法分为具有逻辑联系的序列，构成教学方法体系。根据我国教学论中以学生认识活动的不同形态作为分类标准所划分的教学方法，田径运动技术教学方法主要有：讲解教学法、问答法、讨论法、动作示范法、演示法、错误动作纠正法、分解练习法等。

1. 讲解法

讲解法是教师通过口头语言向学生传授体育知识、运动技能的方法。讲解主要是对体育课程中的概念、运动技术原理、技术要点、游戏或竞赛规则等进行说明、解释。运用讲解教学法，教师可以通过合乎逻辑的分析、生动形象的描绘、陈述，启发诱导性的设疑、解疑，使学生获得较为全面系统的体育知识，并把知识和技能教学、思想教育有效地融为一体。在田径运动技术教学中，运用讲解教学法应注意以下几个方面：

（1）教师的讲解要细致、准确，教学重难点要突出。其中技术课的教学特点是练习要多于讲解，讲解的时间不能太长，因此教师在进行讲解时的针对性要强，要根据课程的任务，讲解其中的重点、难点。教师在讲解时不仅要清楚、准确，讲解的语言也要简单精练、通俗易懂。这样有助于学生的理解与记忆。在讲解时，对动作的过程与部位的描述要准确，让同学能够对技术动作有一个清楚的理解。

（2）教师的讲解要遵循由表及里、深入浅出的原则。教师在进行田径课程教学时，要根据之前制订好的课堂计划循序渐进，如从基础概念到技术的细节、细节与细节之间的关系，再到技术的原理和标准。教师的课堂讲解要注意内容的新颖，而且要规划好每节课要讲的内容。这样既能使学生保持学习的兴趣，也不会几次课就把全部的教学内容讲完。

（3）讲解要生动形象，口诀化。讲解要注意语调和用语。例如，想让学生能够对一些关键性的技术有深入的了解，就需要用相类似的东西做教学参照或者类比，用以说明这些关键性技术动作的特点和本质。在标枪投掷结束时的"鞭打"，在短跑最后的"扒地"动作，这些动作上的类比，都能够让学生用最短的时间了解运动动作的技术要领。另外，教师在课上讲解技术动作的要点时需要更加精炼，必要的情况下可以用口诀的形式帮助学生记忆。在"背向滑步推铅球"中，最后的一个技术动作是需要向后滑行：一蹬、二转、三挺、四推、五拨，口诀的形式一定要简洁，这类简短的口头解释很容易被学生记住。

2. 问答法

问答法是教师和学生以口头语言问答的方式进行教学的一种方法。从达成体育教学目标角度来说，问答法可分为引导性、启发性、复习知识性问答等形式。无论哪种形式的问答，都要设计不同类型的问题，调动学生的积极性，这是发挥问答法作用的关键所在。例如，教师在分析学生练习中技术动作质量时，可以采用引导性问答的方法，让学生回答同伴技术动作完成情况。教师要鼓励引导学生大胆提出问题，并可以解释性地回答问题，如体育锻炼的方法，提高成绩途径，各田径项目的技术、战术、规则、练习方式、场地器材等。

3. 演示法

演示法是教师在课堂上通过展示各种运动模型、技术挂图、直观教具等，让学生通过观察获得感性认识的教学方法。它是一种辅助性教学方法，要与讲解法、问答法等教学方法结合使用才能形成较好的教学效果。

在田径运动技术教学中，演示的手段主要有运动模型、运动技术挂图、运动技术录像等。教师在动作技术的教学过程中，要合理结合简单的教具为学生演示田径项目中某一动作技术的基本原理，以清晰直观的方式传达知识和技能，并加深学生对田径项目知识和技能的掌握，让学生学会理解、学会实践。在很多运动项目中都会涉及同一个技术动作，就是"满弓形"，为什么这个动作会出现在多个运动项目中，学生们并不完全理解这一点。教师就可以由此做简单的教学示范，将一根细竹弯成弧形，然后拿一块小石头，弹出去。学生们学习"满弓形"这一动作的含义及其在不同运动项目中的作用，之后，教师可以要求他们将"满弓形"这一动作的含义与力学联系在一起来理解。

4. 讨论法

讨论法是学生在教师指导下为解决某个问题而进行探讨、辨明是非真伪，以获取体育知识、形成运动技能的方法。使用要求包括：讨论的问题要有吸引力，要善于在讨论中对学生启发引导，做好讨论小结。讨论法可以提高学生学习情绪和参与的积极性，培养合作精神，加深对学习内容的理解，还能提高学生学习的独立性。在体育教学分组练习中，教师可以安排每组学生在完成练习后讨论这项技术的要点。

5. 动作示范法

动作示范是体育教学中最常用的一种直观教学法。它要求学生通过对示范动作的观察，在头脑中形成动作的运动表象，了解动作的结构、要领，建立起正确的动作概念。在体育教学中正确动作示范，使学生获得必要的直接感受，以提高掌握动作要领的效率，有利于形成正确的动力定型。从动作结构来看，示范法可分为完整动作示范法、分解动作示范法、正误动作对比示范法、相似动作区分示范法等几种。从示范的位置来看，又可分为镜面示范法、侧面示范法、背面示范法等。在田径运动技术教学中，运用动作示范法应注意以下几个方面：

（1）明确演示的目的。教师进行田径技术动作演示的目的是帮助学生更直观地了解这项技能，对这项技能有一个具体的印象。但是，根据课程安排、不同学生的不同阶段以及每个班级每堂课的特定任务，教师进行技术动作演示时的目的也不尽相同。一般而言，在刚刚接触技术动作时，教师的演示是为了让学生能够大体了解技术动作的形式，在这个阶段主要以教师示范动作为主。在学生的技能掌握阶段，教师进行技巧的演示是为了让学生能够认清并改正他们在平时的练习过程中的一些技术细节上的错误。在这个阶段一般以教师的分解示范为主。而在学生的技巧提高阶段，教师进行技术动作演示的目的既要纠正学生不正确的动作，还要使学生能够掌握完整的技术节奏与速度。使学生能够完善自身的技术基础。在这个阶段教师一般通过完整演示和分解演示相结合的方法为主。

（2）保证以正确的位置、正确的方向进行演示。在组织示范教学时，要确保每个学生通过示范教学都可以清楚地看到教师所示范的动作，这就需要学生观察演示教学的位置和方向都是正确的。

第一，直道"途中跑"的演示教学观察中，后蹬及蹬摆配合这几项技术动作的最佳观察位置是侧面。跑步过程中，直线性、落脚点的位置以及蹬摆过程中的方向性，都需要以正面观察的形式来完成演示教学。

第二，在直道跨栏跑的跨栏步、栏间跑中，技术动作上的演示教学观察位置也分为正面和侧面。在侧面进行观察的技术动作有：由起步到跨栏的全身技术动作的配合、重心高度等等。在正面进行观察的技术动作有栏间跑的直线状态。

第三，在背越式跳高中，技术动作上的演示教学观察也分为正面和侧面。在侧面进行观察的技术动作有：①起跳放脚位置；②着地技术；③摆臂；④摆腿技术；⑤挺髋技术。在正面进行观察的技术动作有身体转体。

第四，在跳远中，技术动作上的演示教学观察也分为正面和侧面。在侧面进行观察的技术动作有：①助跑的节奏；②倒数三步，步长之间发生的变化；③起跳脚的着地；④蹬伸；⑤摆动腿与两臂摆动幅度；⑥上体姿势。在正面进行观察的技术动作有：腿部姿势、两手臂姿势以及上身姿势。

第五，在推铅球、掷标枪中，技术动作上的演示教学观察分为正面、后面以及斜侧面。在后面进行观察的技术动作有：技术动作的直线性。在正面进行观察的技术动作有：技术动作的整体性。在斜侧面进行观察的技术动作有：与助跑方向约成45°角的最终力量。在铅球示范教学中，正确的观察点是离出手点约12米的地方；在铅标枪示范教学中，正确的观察点是出手点约22米处。

（3）当学生的学习处于泛化阶段或由泛化到差异化的过程中时，教师在课堂上进行演示时必须要多重复几次，这样做能够帮助学生建立正确的视觉表达并使学生对正确的行为有一个更加深刻的印象。除了通过教师的演示来让学生明白什么是正确的行为之外，教师还可以通过对学生的错误行为进行比较，使学生更加清楚地明白自己的技术动作究竟错在哪里，这样就能达到有效地减少学生错误行为的目的。

6. 分解练习法

分解练习法指的是通过将一套完整的技术动作分解成几个部分，并按顺序逐步将各个部分的技术动作教给学生的方法。这种方法的优点是能够通过将困难的动作分解，使学生对技术动作的要点有一个更深刻的理解，便于学生掌握技术，提高学生的自信心。但其中也存在一些不足的地方，比如说如果学生对动作的分解形成了依赖，这样就会导致学生在对动作的完整理解上存在着阻碍。分解练习法用于那些十分困难又可以将动作分解的复杂技术动作，或者某些重要部分需要细致学习的地方。在分解练习法中主要分为依次分解法、分段递进法、分段逆进法等不同形式。

7. 错误动作纠正法

错误动作纠正法是指为了纠正学生的错误动作所采用措施的教学方法。在体育教学中，学生由于各种原因难免产生错误动作，如不及时纠正，就会使错误动作动力定型。因此，必须采取积极的纠正错误的措施。要防止和纠正错误，首先要分析错误产生的原因，然后才能选用适当的方法来纠正和帮助。产生错误动作的原因主要有：对所学的动作要领不清，学生能力较差、水平低，教学内容安排不当或组织方法不当，学生受旧的技能干扰等。教师要看准动作后，针对形成错误动作原因，采用相应的预防及纠正的方法，有的放矢地纠正错误。纠正错误动作时要分清主次，先抓主要的，纠正错误时要耐心、细心、热心，讲解时要有亲切感。

二、高校田径运动的教学评价

（一）田径运动教学评价体系的构建原则

1. 全面性

多智能体能评估系统，在内容上必须能够全面、真实地反映影响评估对象的所有实际因素。多智能体能评估系统中的指标要结合起来，形成一个互不重叠或相互无矛盾的体系。这些指标的组织方式不同，所以每个指标的权重也不同，也就形成了完整的评估。多智能体能评估系统中的指标不是单一且孤立的，它们形成的是一个整体，是相互依存、相互影响的，结合了多种因素，从系统、综合的视角来评估学生的学习效果。多智能体能评估系统倡导"全面且真实的评价"，非常重视将学生的学习与自身的经验相结合，达成教学过程与评价过程的一体性，使评价真正有效地发挥引导、反馈、评审和激励学习活动的功能。建立多智能体能评估系统，开发各种评估工具，让学生主动收集评估信息。在此基础上，向学校提供自我评估信息，使多智能体能评估系统的结果更加真实。

2. 主体性

主体性原则，意味着评价的中心是评价者，增加被评价者的比例，使被评价者在被评价过程里面具有非常高的参与度。由此，被评价者的积极性和主动性被充分调动起来。学生（被评价者）同样也可以作为评价的参与者和主体，履行"以人为本"这一评价理念。

3. 发展性

发展性原则意味着评估应该关注、促进和服务于学生的发展，避免"为评估而评估"。评估应该集中在学生个人能力的发展上。学校的学习评估应旨在提供及时的反馈，让学生有一个客观的认识，而后，在此基础上提供学生的心理发展情况。

（1）发展原则的实施应打破"为评估而评估"的陈旧理念，防止实践中出现各种"为评估而评估"的现象。

（2）正视学生评价，不要成为学生的"敌人"，帮助学生对自己的成绩产生信心，找出自己发展中存在的问题，以反馈的形式促进学生发展。

（二）田径专项运动教学多元智能评价的指标

当前田径教学的多元智能评估指标有很多，而且每个指标的层次是不同的，有些指标的模糊性很强，因此，以考虑专家的经验和意见、田径学科的知识体系为主，使田径教学的多元智能评估指标体系构建出雏形。

评价指标，用来衡量事物的角度、维度。如果想衡量一个事物所具有的价值，我们需要找到能够表征该事物属性和特点的维度，而这些就是评价指标。一个指标体系是由许多指标的制约、协作形成的集合。指标体系是决定评价结果是否具有客观性、可靠性的主要因素。建立指标体系的过程也是一个达成价值共识的过程，这对科学评估至关重要。复杂系统中的各个组成部分是相互依存的，并根据无法直接测量的客观规律进行互动。但是，我们能够根据自己的理解，构建一些理论模型、理论假设，将系统的某些可以直接测量的属性联系起来，然后记录演变和变化的过程，指标是对这些可测量的特征的衡量。

田径教学的多元智能评估指标体系是独立的系统，多元智能体育教学评价系统可分为八个子系统：①语言和文字智能；②数学和逻辑智能；③视觉和空间智能；④音乐和节奏智能；⑤身体和运动智能；⑥人际关系智能；⑦自我意识和自我反思智能；⑧自我审视智能。在任何一个子系统中，都有多个指标在协调合作，这是建立在问卷调查之上田径教学的多元智能评估指标体系。

1. 语言—文字指标

语言—文字智能，指的就是有效使用语言或书面话语的能力。田径体育专业的学生研究言语智能，是测试学生对基本体育知识、技能掌握情况的一个有效方法，在以后的体育教学中，也是教师教授学生知识和技能的主要手段。大多数体育院校的学生将来会教体育课，即使不教，将来也会在社会从事相关的职业，例如指导别人健身等等。在教授或指导他人健身时，他们需要口头解释基本知识、基本技术，让他人能够学习理论知识、学习基本的田径运动技术。言语技能则表明学生是否可以正确且无障碍的向他人解释基本的运动知识。基本言语能力测试的是田径学生是否达到了他（她）可以解释教学目标的程度。言语能力的有效程度，是评价学生是否可以运用知识服务于社会的一项标准，也是提高综合能力的核心要素。言语能力是学生综合能力的核心要素，也是不应该被忽视的重要部分。

2. 数理—逻辑指标

在田径运动和竞赛体育中，场上战术的运用是基于数学、逻辑智能的。

（1）数字运用能力

在田径运动中，比赛是以时间来衡量的，而在田径项目中则以距离来衡量。最终获得的运动成绩是由距离上的数字决定的，所以，"识别和记录运动成绩"是知道如何在运动中使用数字的一个重点教学内容。学习如何使用秒表和其他设备来记录运动成绩，这是学生必须要具备的一项基本技能。田径场是运动的主要场所，田径场是非常复杂的系统，因为田径运动的范围很广，必须满足其田径单项的需要，所以，掌握田径单项的场地情况，以实际情况设计田径场，测量和绘制田径单项运动，是数学逻辑智能的一项核心能力。

（2）逻辑推理能力

逻辑推理能力包括：①学生使用计算机的能力；②学生使用计算机制定运动规则；③学生使用计算机制定比赛规则的能力。计算机是先进技术发展中的高科技产品，如今学生应配合当前先进技术快速发展的时代，把高科技产品渗透在体育学习当中，这也是当今社会布置给田径专业学生的一项时代性任务，用以推动中国体育事业的发展。还有，田径体育的技术动作和力的大小原理，都离不开物理学领域的力学原理，其中蕴含的就是田径体育逻辑性。只有充分掌握了田径运动的技术原理，才能够实现科学教学、训练的目的，无论是教学、还是训练，都能得到最大化的成效。所以，学生掌握运动技术的基本原理，使用计算机清楚地画出技术动作图，并画出基本的技术流程图，这些能力是培养学生逻辑思维能力的前提。另外，在未来田径教学中，能否建立起清晰合理的规则是其综合能力的关键。

（3）思维分析能力

田径体育中的思考能力和分析能力是引导学生思考和分析的有效途径，因为，当学生勤于思考，动脑筋时，学习效果才能更好。在田径研究中，思考和分析的能力最明显地体现在，可以用简单的数学或物理知识，来解释田径运动各项目的技术动作，能够对运动战术有一个通透的了解，也能够在比赛中运用这些战术来取得胜利，同时对体育社会型问题的个人见解非常独特。

3. 视觉—空间指标

视觉空间智能，说明学生可以具备准确感知并表现视觉空间的能力，细化这些能力的话，应涵盖：①把握线条的能力；②把握平面的能力；③把握空间的能力；④把握形状的能力；⑤把握颜色的能力；⑥理解相互之间的关系。从狭义角度来看，它是感知空间方向的能力。从广义角度来看，它不仅仅是一个人在感知空间方向，它通常被表述为准确感知视觉空间、并且能够表现出所感知图像的能力。这种智力包括一些相关的能力，如：①视觉辨别；②再认知；③投射；④心理图像；⑤空间理解；⑥映像操作；⑦复制内外心象。视觉空间智能，是田径教学的一项基本技能，是田径训练的一个重要组成部分，在田径教学的整体效果中发挥着重要作用，是学生必须具备的一项能力。

视觉空间智能是人类认识世界所使用的诸多方式中的一种，它存在于语言符号出现之前，在人类发展的早期阶段，视觉器官是一项重要的工具，用来获取知识，人类最早的图画，就是基于视觉空间智能的启发才产生的。可视化是视觉空间智能的关键构成因素。无论是学习田径体育理论知识，还是学习田径体育技术知识，都基于视觉器官基础上，才能获得知识，学习技术动作与视觉辨别能力是分不开的。只有通过对运动技术的观察，对运动技术的初步了解，才能很好地感受，确定身体的运动，形成运动的样子，以便掌握运动技术。在学习到一定的运动技术之后，才能更好地享受体育比赛，并享受从中受益的乐趣。

第六章 高校公共体育课程实践
——健美操

第一节 高校健美操运动及教学发展

一、高校健美操运动的特点与功能

健美操虽然是近年才兴起的体育项目，但是已经风靡全世界，产生这种现象的主要原因在于健美操具有区别于其他体育运动的特点。

（一）高校健美操运动的特点

1. 美学特点

健美操运动面对的是所有人，学生通过练习将身体的力量展现出来，这是他们对于美的追求。从本质上来看，健美操是一种人体运动方式的呈现，其动作不仅要美丽，还要跟随着音乐节奏，把所有的动作完美地展现出来。在学习健美操时，身体的部位要相互协调、共同配合，进而达到健美体形的标准。健美操在培养学生健美体形的同时，也要注意培养学生的道德修养。人体在运动时，主观意识控制人的思想以及精神，因此会展现出不同的道德、气质、作风、情操、情感以及意志品质。健美操的美学主要体现在内在美和外在美两方面。

2. 力度的控制

力度的合理运用在健美操运动中起着至关重要的作用，其主要的表现形式就是弹力、活力以及力量。健美操动作对于力度的要求是非常严格的，当学生在学习健美操动作的过程中，要合理地控制力量的使用。相比于体操的力量性来看，健美操的力量更加的自然；相比于舞蹈的力量来看，健美操的力量更加的有力，并且富有一定的活力。健美操的力量更加真实地反映了健的风采、美的神韵、力的坚韧。健美操具有一定的感染力，是自我个性的一种表达方式。健美操的力量区别于其他的体育运动的力量，是其最为突出的特点。

3. 音乐的特殊性

音乐是所有的音符声音的展现，不仅可以缓解人们疲惫的身体，还能让人们与之产生共鸣，在时间与空间的交错中，产生一系列的联想。这种联想主要是从人们现实生活中演变而来的。音乐不仅会对人们的运动产生影响，还会对人的情绪以及情感产生一定的影响。健美操运动之所以受到人们的欢迎，不仅仅是因为健美操本身的特点，还因为现代音乐给人一种活泼快乐的感觉，进而使得健美操更加的活力四射。当优美的旋律响起时，学生们就会有一种想要参与到其中的兴奋感。健美操的音乐选用的类型大多数是沉稳、热情以及轻快的，欢快活泼的旋律可以更快地调动大家的积极性，缓解身体的不适，进而振奋精神，使大家心情更加的愉悦。

4. 精神的创新

人体的构成非常的复杂，大家的情绪和性格各不相同，对于健美操动作就会有不同的看法，这也造就了健美操动作的多样性。健美操包含徒手体操的基本动作，同时借鉴了其他运动相关的动作，将这些动作经过改良设计，形成健美操独有的风格。健美操动作主要就是七种步伐的转换，将身体灵活地进行变化，使之适应队形的变化，进而完美地展现健美操这项运动，与此同时，不仅为编制提供了一定的素材，还在一定程度上推动了健美操的发展。

（二）高校健美操运动的功能

1. 健美操运动具有健身功能

（1）健美操运动推动运动系统的发展。人们适当地进行健美操的锻炼，不但可以提升关节的灵活度，还在一定程度增加了肌肉的力量，避免出现肌肉拉伤和韧带拉伤的情况。从青少年的角度来看，适当地做健美操运动不仅可以促进其骨骼、关节以及肌肉的成长，还能对其生长发育起到重要的作用。

（2）健美操有助于加快心脑血管机能的循环。在参加健美操锻炼时，会使人的心脏容量变大，心肌增厚，对心脏有一定的好处，进而促进人体的心血管血液循环，提高人们的新陈代谢，更有利于人们的健康。

（3）健美操运动有助于提高人们的消化系统功能。在参加健美操运动的过程中，人体的髋部需要进行全方位的活动，当骨盆肌和腰肌都用力时，就会促进肠胃的蠕动，新陈代谢就会加快，这时就会提高消化系统的功能，在一定程度上人体的免疫力就会增强，有利于人们远离疾病，身心健康。

2. 健美操运动可以塑造形体

形体主要是由体形和姿态两方面构成的，适当地进行健美操运动可以更好地塑造形体。人体的形体不但会受先天条件的影响，还会受到后天条件的影响，要想更好的控制形体，就需要适当的体育运动，健美操的动作只需要和平时保持一致就好，可以让学习者尽快地适应。如果经常参加健美操运动，不仅可以改变身体姿态，还可以更好地塑造形体。健美操运动可以消除体内的脂肪，使吸收和消耗的能量保持平衡，进而更好地控制体重，保持健康的形体。与此同时，积极地参加健美操锻炼，还可以有效地调节心理平衡，增强人的自信心，这就是青少年喜欢健美操的原因之一。

3. 健美操运动具有益智功能

健美操运动在一定程度上可以影响大脑的机能状况和物质结构，使人具有超强的记忆力、敏锐的观察力、丰富的想象力以及创新的思维能力，进而推动智力开发。在人们进行锻炼的同时，大脑中的氧气和能源物质就会供应充足，大脑神经细胞就会加快生长发育。

健美操的种类有很多，动作也是多种多样的，人们在参加健美操运动时，由于动作的多样性，使得大脑在接受信息时处于活跃状态，有利于增强大脑皮层细胞的活跃度，进而改善大脑神经系统功能。

4. 健美操运动具有娱乐性

随着社会不断地进步与发展，人们的生活水平也在提高，在享受生活的同时，精神压力越来越大。积极地参加体育锻炼，有利于释放压力。健美操不仅动作优美，还可以全面地锻炼身体。参加健美操运动时，要跟随着音乐的节奏，尽情地展现健美操的动作。还会吸引学生的注意力，让他们忘记课业的压力，不由自主地伴随着音乐的节奏一起运动。

在参加健美操运动时，人们可以结交到好朋友，进而扩大朋友圈。就目前情况来看，人们基本选择去健身房学习健美操，那里有专业的教练帮助学习。在健身房锻炼的人比较多，一起参加健美操运动的人也不在少数，大家在锻炼的同时，还相互帮忙，互相激励，共同进步。由此可以看出，健美操不仅可以强健体魄，还可以缓解压力，达到身心健康。

5. 健美操运动具有医疗保健功能

健美操运动是有氧运动，其主要特点是运动强度低、运动量适中以及具有医疗保健功能。健美操不仅具有一定的健身效果，还具有医疗保健功能。因此健美操运动有利于人们的身心健康。

二、高校健美操教学的理念指导与发展

（一）高校健美操教学发展的理念指导

第一，坚持"学生为本"的教学理念，推动改革发展。在改革中国高等教育过程中，一定要坚定不移地将"以学生为本"作为教学理念。坚持"以学生为本"具有多重优点：一方面可以促进学生的优点、潜能得到发挥，促使其积极性得到最大程度的调动；另一方面也可以使学生个性化的需求得到满足，使其实践的主动性得到发掘。在具体开展健美操教学的过程，体育教师同样要注意考虑到学生的具体情况。即依据学生的心理以及生理发展程度有针对性地安排教学内容，逐步提高学生对于健美操这项体育科目的理解和认识，进而进一步提升健美操教学的质量和效率。

第二，在改革过程中，坚持培养学生终身体育精神的理念。任意一项体育运动无一不以培养学生形成终身体育的意识为目标。现如今，中国所提倡的全面健身便是"终身体育"的最好体现。在改革体育教学的实践过程中，坚持终身体育的指导理念，将进一步提升学生的身体以及心理素质作为教学目标，通过营造良好的学习氛围来刺激学生的学习激情。

（二）高校健美操教学的发展趋势

1. 体育多样化发展的趋势鲜明

学生个体体育需求的多样性。为了能够满足学生对于自我的需求，我国体育教学非常强调多样化。具体在开展体育教学的实践过程中，不同的主体对于体育需求会在一定程度上存在一定的差别。即便是同一主体在不

同时期、不同背景下对体育的需求也会有所区别。例如，有的主体以健身作为需求，有的以调理心理作为需求，还有的将发展特长作为需求。综上所述，体育教学具有多重功能，能够满足学生日益多元的需求。

2. 对终身体育教育的关注度提高

相较于传统体育教学，现代体育教学更加重视培养学生形成终身体育的意识以及习惯等具有长远效益的目标，目的是希望学生即便是毕业以后也能自主进行体育锻炼。在改革体育教学的历程中，"增进学生健康、增强学生体质"这项工作并不是一蹴而就的，而是需要学生不断坚持参与体育锻炼，只有这样才能使学生终身享有健康。基于此目标，终身体育观逐步普及，得到越来越多的体育教育工作者的认可。因此，未来学校体育教学的发展趋势会越来越倾向于将近期效益和长远效益结合起来，以期学生能够终身践行体育锻炼，使其能够在参与体育锻炼过程中逐渐实现全面协调发展。

3. 体育教学方法的现代化

在新的背景下，体育教学方法将日趋现代化，主要表现为教学设备的现代化。多媒体设备会凭借自身的优势，开拓学生的视野，使学生学习和接触到课堂内难以学习及掌握的内容。除此之外，现代化的教学方法和教学手段还能协助教师将教学内容更加生动形象地传授给学生，延长学生的学习时间。在新时代，现代化的教学方法必定会为体育教学带来新的天地。

第二节　高校健美操教学的形式与原则

一、高校健美操教学的主要形式

（一）全班上课

全班上课的特点是任课教师按照课程进度向全班学生上课，并向全班学生提出共同的学习任务；教师以系统讲授为主，以其他方法为辅向学生传授知识；学生在课堂上可与教师、同学进行多项交流；教师对学生要有爱心及耐心，多鼓励、少批评，对学生具有亲切感；教师对课堂内容要精心设计，考虑内容、时间、空间及人数等因素；教师在课堂中要善于创造幽默和快乐的气氛，善于调动学生的创造力和积极性，善于不断从学生中得到反馈信息，并用自己的情感、态度和行为直接影响学生，并使他们产生相应的反应。

（二）班内小组教学

班内小组教学的特点是在全班上课的基础上开展临时性的小组学习活动，把教学的重点从教师的"教"转移到学生的"学"上，充分发挥学生学习的主动性、积极性和创新的能力；各小组的人员不固定，一般以 2～8 人为一组，可以自由组合，也可以由教师安排；教师安排时，主要是把程度不同的几个人组合在一起，以便他们可以互相交流，互相促进，活跃课堂教学气氛，扩大教育能量；教师要深入各小组进行指导和督促，随时解决小组学习中遇到的问题；小组学习结束时，要分别进行总结、表演，来激发他们的学习兴趣，大胆地表现自我。

（三）班内个别教学

班内个别教学的特点是在全班上课的基础上主要面向班上能力较差或学习速度快的学生，使教学适合每个学生的学习需要，调动每个学生的学习积极性，从而使他们都能从教学活动中受益；教师主要指导和帮助学生自学和独立思考；学生学习的资料一般是专门编制的健美操教材或教学参考书；学生的学习由单个动作练习到组合动作练习再到成套动作练习。

二、高校健美操教学的基本原则

（一）循序渐进

第一，在教材方面，循序渐进原则主要表现为教材安排应该按照从简到繁、单个动作到组合动作再到成套动作、从易到难的程序进行。练习各类动作时，尤其要注意承前启后和前后之间的连接，逐渐提升，一旦学生对一个动作掌握之后，要加大动作难度、持续提升。与此同时，也要将各类动作之间存在的横向关系考虑入内，一般后学内容要在先学内容的基础上进行扩展，让教学内容的广度和深度不断拓展，要善于发现和思考各类动作之间存在的身体素质转移和相互促进关系，以及动作技能的转移等因素，最终形成科学性和渐进性、系统性较强的教学内容。

第二，在安排运动量方面，循序渐进原则体现在从小运动量发展到大运动量，将小中大程度相互融合，让学生根据"适应—加大—再适应—再加大"的螺旋上升方式不断调整自己的运动量。当然，运动量的增加欲速则不达，要坚持循序渐进的原则，结合学生实际的接受能力、素质水平以及技术水平安排练习量和运动量。

第三，在完整的健美操教学课程中，要循序渐进地对学生的能力进行培养。学生对动作技术和动作技能进行学习和掌握时，其他方面的能力也要得到提升。主要包括对成套操动作的记写能力、对成套操动作创编的能力、单个动作的教学能力、全课的教学组织能力、组织竞赛与裁判工作的能力，这些能力都要在教学活动的各个阶段有组织、有计划地开展。

第四，在教学步骤上，循序渐进原则是指练习上要从容易到困难、从简单到复杂、从原地练习发展到移动练习，从一个动作练习到一节操动作再到成套操动作的练习，音乐节拍从缓慢节奏发展到正常曲子节奏的变化过程。

（二）身体全面发展

第一，在制订教学计划时，应注意各类动作的搭配，使学生身体得到全面发展。

第二，在安排每次教学课的内容时，应注意在动作的性质、形式、运动量及素质等方面的合理性，使身体各部位及各种素质都能受到全面锻炼。

第三，考核项目和内容的确定，要考虑全面发展身体的因素，使学生通过考核也能获得身体机能的全面锻炼。

（三）巩固和提高相结合

第一，在课堂上给予学生更多的练习时间和机会，教师指导学生练习正确的动作要领。只有在反复多次练习的基础上，才能让学生大脑皮层构建的动力定型进行巩固。所以，教师在课堂教学中要使用精讲的方式开展教学，通过精炼讲解才能让学生准确获取重点，从而多练正确动作。

第二，如果学生很长一段时间都是对一个动作或者同一水准的动作进行练习，很容易激发出学生的厌恶心理。因此，学生对已经学习和掌握的动作进行复习巩固时，要利用动作连贯的方式让他们不断提高运动技能和水平，灵活运用。比如，可以通过编排，让已经掌握的动作形成各种组合甚至成套操开展练习活动，让学生练习的动作、速度和节奏发生改变。

第三，组合动作和成套操是健美操的主要表现方式。要让动作的表现力增强、动作幅度增加就要结合背景音乐的风格和性质以及传达的情感，对成套操进行编排。

第四，不断提高和巩固训练专项身体素质和一般身体素质的程度。帮助学生对自我身体的机能、状态、运动技术水平的提升奠定良好的基础。

第五，为了对已学技术动作的熟练程度进行提升和巩固，还可以充分利用教学比赛、测验、打分、表演等方式。健美操教学任务主要包括健美操知识、技术和技能的传授。对于提高健美操教学成效、完成健美操教学任务来说，教师要对教学方式进行合理使用和选择。

（四）直观与思维相结合

第一，对于学生来说，最直观的教学方式和体验是教师对动作进行示范。一般来说，蓬勃朝气、刚劲有力、美丽大方是健美操动作的基本要求，所以教师在学生面前对动作进行示范必须具有优美、表现力强、准确和规范的特性，这种方式有利于学生直观、近距离培养和提升健美操的审美，学习最正确的动作要领，从而帮助他们进一步强化动作要领、高效掌握动作技能、培养正确的健美操概念。

第二，教师在教学活动中利用生动形象的方式进行讲解能够提升学生对健美操的了解和掌握。学生对健美操动作要领和技术进行学习时，观察不是唯一和最有效的方式，在此基础上加上教学简单明了和生动形象的讲解才能取得更好的效果，让学生对动作要求和技术要领更加了解。

第三，在教师的讲解和示范作用下能帮助学生对健美操的概念、内涵和动作表象更加了解。当然经过教学形象生动的讲解、直观的示范，学生还要不断练习、反复练习，才能对健美操动作的节奏感、肌肉用力的方式和力度、动作要领熟悉和掌握，进而构建起关于健美操技术动作的深刻认识。

第四，对学生的独立思考和发散思维进行启发。教师开展教学活动时，要让学生充分发挥自己的独立思考能力和想象力以及创造力，由表及里、由感性认识到理性认识，充分了解和认识到健美操的理论知识和技术知识，从而学生在看听练的过程中不断提升素养和技术水准。教师要通过加深动作各个部位之间的衔接关系、动作之间的联系和动作技术之间的衔接的讲解，让学生了解动作和部位之间的差异，积极启发和诱导他们，从而加强对正确动作的认识，避免出现错误动作，提升动作技能。

（五）教师主导作用与学生自觉性相结合

第一，高度的事业心和责任感是教师的基本职业道德，这要求教师对自己的本职工作充满热情和热爱，对教学活动和教学工作秉持认真的态度，对学生负责。在学生面前要保持和蔼可亲和严格认真的形象，开展教学活动时要充分发挥出自己丰富的学识和有条有理、井然有序的教学思路，从而更好地对学生进行引导和教育，多多将健美操活动的意义和价值向学生讲解，让他们增强对运动的热爱，提高学生的积极性和主动性。

第二，要对自己的业务十分熟悉，教学相长。教师的本职工作是教学，要对自己所教授的健美操教学大纲的内容和培养目标十分熟悉和了解，对健美操相关的最新研究、知识和成果有所了解，与时俱进，紧跟时代发展，提升自己的教学理念和教学方式，从而促进教学成效和教学质量的提升，形成系统化和科学化的教学工作。教师要始终谨记"学而不厌、诲人不倦"，自己要坚持不断学习、终身学习的理念，在自己的教学活动中加入更多新鲜的科技成果，用现代化和科学化手段提升教学效果。此外，教师还要仔细观察学生，挖掘出他们潜在的创新精神，并且给予鼓励、支持和培养，通过学生启发自己，促进教学水平的提高。

第三，要详细了解学生的实际情况。教师要对每个学生的情况十分熟悉和了解，一方面能够增强师生在情感和思想方面的交流，让学生更深层次的求知欲望和学习的热情激发出来，另一方面，通过对学生心理情感和学习能力的了解，能够在具体的教学实践过程中有针对性地采取教学举措，提升学生学习效果。

第四，要选择科学合理的教学方式。对于学生的积极性来说，教学方法的选择十分重要，科学合理的教学方式有利于提高学生学习的积极性，反之则会产生不利影响。教师在开展教学活动时，应结合学生的学习情况，准确把握学生学习中遇到的难点和问题，采取一系列的举措帮助学生解决问题，提高完成学习任务的效率。这不仅能帮助教师树立威信，还能帮助学生提高积极性和信心。

第五，积极发挥教学民主。在课堂教学中，教师和学生之间的互动是双向的。一方面，教师要向学生提问；另一方面，教师要积极启发学生的思维，引导他们对问题进行回答，甚至提出问题进行讨论，让学生之间进行交流，互帮互助，相互促进，有利于学生解决问题能力和分析问题能力的提升。

第六，对于学生来说，教师要经常使用鼓励、客观和准确的评价来帮助学生提升自信心和积极性。学生一旦完成动作，教师要主动积极、公正客观进行评价。如果评价中出现偏心和不公正的因素，都不利于学生完成学习任务，甚至引发他们的厌烦。

第七，教师要始终以身作则，为人师表，坚持"美"的准则。教师要将"美"的准则贯穿健美操教学活动的始终，通过自己"美"的言行举止，让学生直接感受到美。比如动作示范时的准确和优美，运动服装的整洁、合体，情绪的饱满，言行举止的端庄大方，谈吐的高雅等等，都有利于让学生的学习兴趣激发出来。

第三节　高校健美操教学的课程安排

一、高校健美操教学的课程准备

准备部分是每堂健美操课所不可缺少的部分，时间一般是15分钟左右，主要内容有以下几个方面：

第一，学生整队报告，教师明确本堂课的任务和要求，检查出勤情况，处理见习生等。

第二，进行热身，一般以热身操的形式出现，主要有以基本步伐配合手臂动作为主的单个或组合动作，或者通过练习健美操的基本动作，达到热身和掌握基本技术的双重目的。

第三，把基本动作中结构复杂的动作精简化后，可安排在准备部分中进行练习，以加快基本部分的教学进程。

二、高校健美操教学的课程主体

主体部分是每堂健美操课的中心部分，时间是全课的70%左右。健美操教学的主体部分应根据教学大纲和教学计划规定的教材内容，结合学生的具体情况进行，具体如下：

第一，主要进行徒手、手持轻器械的单个动作、组合动作和成套动作练习。

第二，学成套动作时，可按成套健美操的节序、段序，一节一节或一段段地学习。

第三，在学完后面一节或一段时，要及时与前面一节或一段串联起来练习，以掌握节与节或段与段之间的连接技术，加强学生对动作的记忆。

第四，对于结构复杂的动作，可采用完整动作示范、分解成几个部分进行练习、再完整教学的方法，即完整—分解—完整法。

第五，在每堂课的教学中都应增加并特别注重对学生多方面能力的培养，根据各阶段的任务设计出能力培养的具体内容、方法和手段，使理论与实践教学相结合，传授知识与培养能力并举。

三、高校健美操教学的课程结束

结束部分是健美操课非常重要的一个组成部分，时间一般为 5 ~ 10 分钟，主要内容涉及以下几个方面：

第一，进行调整放松运动，一般以伸拉性、弹抖性动作配合呼吸进行放松练习，使身体负荷逐渐恢复到相对平稳状态。

第二，总结本堂课任务的完成情况，布置课外练习作业。

第三，整理教学用具，将器材归还原处。

第七章　部分高校公共体育教育教学策略

第一节　山东高校公共体育教育教学发展对策

一、山东高校的高质量发展策略

近年来，山东省大力推动高等教育发展，取得了显著成绩。内涵建设、高质量发展是新时代山东高等教育面临的全新主题，是加快推进高等教育现代化、建设高等教育强省的内在要求。促进山东高校高质量发展可以从以下几个方面进行：

（一）建立健全政府政策扶持与激励机制

一般情况下，政府作为人民权力的授予者和委托权利的执行者，应按照社会的共同利益和人民的意志，从保证公民利益的基本点出发，制定和执行公共政策。特别是新公共服务理论认为，政府部门应树立服务理念，转变职能，对于教育行政部门而言，应从教育资源的举办者转变为公共教育资源的设计者。目前存在的问题是非义务教育阶段政府的责任、权利和义务划分不明确，政府和社会受益各方共同分担成本方式亟待改进。

在分类管理、差异化扶持、错位发展的背景下，需要不断完善分类管理政策及配套支撑体系，加快落实分类管理有关举措。例如，山东省高校符合条件的，可自愿申请选择参加非营利性学校教师养老保险与公办学校教师同等待遇试点，折算后按照学校实际为教师缴纳事业单位养老保险和职业年金的数额进行奖补。具体而言，国家要完善顶层设计及立法，着力破解高校发展的政策、法律及制度障碍，有效降低分类管理改革给高校带来的如政策、资金及管理方面风险的消极影响；地方注意推广在分类管理差别扶持方面的经验，合理借鉴其他地方在政策扶持与激励方面的成果，以更好地服务于高校的高质量发展。

（二）借鉴经验，构建现代治理体系和内部运行机制

科学治理、高效运行是高校高质量发展、培育核心竞争力的先决条件。高校现代治理体系的构建一方面与国家层面宏观治理密切相关；另一方面与学校层面微观治理紧密相连。

就国家层面而言，以分类管理为突破口，从政策制度设计，到法律法规保障，彻底清除高校现代治理体现建设方面的障碍因素，营造有利的大环境；就高校层面而言，当政府顶层设计落定后，以国家对高校的宏观治理为依据，分类学习借鉴国内外（私立）高校治理体系建设经验，结合高校自身需求进行创新和改造，突出为我所用，才能切实提高学校教育治理的现代化水平。

以本科高校为例，学校实行政治上党委领导、行政上董事会领导下的校长负责制，彰显了高校在内部治理方面的个性特征。在内部运行机制建设方面，以高等教育办学规律和市场经济运行规律为遵循，理顺内部行政权力运行机制，教学和科研管理运行机制，着力构建行政权力有制约，教学和科研运行有保障的高效率运行模式，统筹解决高校权力运行机制、教学运行机制、科研运行机制之间的关系。同时，借助学校章程把治理体系和运行机制明确下来，保障治理与运行机制的相对稳定性，从而为高校高质量发展提供制度支撑。

（三）兼顾利益，科学制定多主体利益平衡协调机制

利益平衡是指通过法律的权威协调各方面的冲突因素，使相关各方的利益在共存和相容的基础上达到合理的优化状态。利益平衡机制则是在尊重法律权威的前提下，形成各方利益主体共同接受的制度，各方在利益关系中处于平衡状态。高校是一个基于共同利益的矛盾共同体，既有个性化利益诉求，又有共同的利益基础。要找出政府、出资者（举办者）、管理者、教师和学生等利益相关者的利益均衡点，取各方利益诉求的"最大公约数"，从而形成实现高质量发展的合力。

（四）挖掘潜力，完善社会监督及办学质量评价机制

在分类管理背景下，完善社会监督及办学质量评价机制是高校发展的

需要，也是国家依法治理高等教育的需要，还是落实国家支持与规范社会力量办学职责的需要。

在全国教育版图中，山东省教育具有发展快、规模大的特征，如今已经成为山东省教育事业的一张名片。特别是在教育领域综合改革不断深化的今天，山东省教育领域的部分改革创新经验，完全可以成为其他省份的重要借鉴。同时，山东省教育的发展还面临着一些困难与挑战。推动高校实现高质量发展是一项系统工程，一方面需要高校主动作为，跳出传统思维的窠臼，充分利用先天优势及后天条件，才能实现"变轨超车"；另一方面也需要政府、利益相关主体及社会的协同努力。新形势下"危"与"机"相伴而生，取决于高校如何抉择和把握。

二、山东高校公共体育课程的发展对策

（一）制订科学体育教学计划，教学形式灵活多样

体育教学计划是指导学校体育教学的纲要性内容。有了计划，进行日常的体育教学活动就会有规可循，有章可依。在稳定体育课教学秩序的前提下，根据高等教育发展要求和学校实际，重新全面修订体育教学计划，认真组织和周密设计体育教学的运行方案。采用多种教学的形式，合理地安排体育课。在体育场地达不到体育教学要求的情况下，可以充分利用校园内的环境，如斜坡、台阶、花园等自然地形进行体育教学，以缓解人多与体育物质资源不足的矛盾。作为体育选修课，可以尽量开设一些对体育场地和器材要求较少而学生又喜欢的项目，如体育舞蹈、武术、健美操等，避免同必修课发生场地、器材方面的冲突。

（二）创新体育教学的方法，使之多样化发展

体育教学方法是体育教师组织体育课教学，对学生传授体育技能的方法。丰富多样的教学方法能激发学生更大的兴趣，使他们主动进行体育锻炼。多样化的教学方法会收到意想不到的教学效果，它既可以使学生得到良好的身体锻炼，学到正确的动作技能方法，又能培养学生坚定的意志品质和团结协作的思想。体育教师要使用灵活多变的教学方法，使学生们始终对体育课保持良好的兴趣，可以多增加比赛法和游戏法，并给予他们自主组织的权利，让他们在竞争和娱乐中体会体育锻炼的乐趣，在比赛和游戏中体验人与人团结协作的关系。

（三）提高体育教学效果

高校所拥有的体育器材、场地和体育师资队伍，都会影响体育教学的效果。此种情况下，学校应该要求体育教师端正教学态度，充分发挥教师的奉献精神，实现提高体育教学效果的目标。体育教师应结合高校的特点，制订适合本校体育教学的大纲；根据学生对体育的兴趣和需要，选择和安排教学内容，并配合选择适当的教学方法；根据不同学生的体育水平，因材施教，科学地安排每一节课，做到让每个学生都能通过体育课达到身体锻炼的目的。

（四）加大体育经费的投入，加强体育器材与场地的完善

体育经费是学校体育顺利开展和进行的物质基础，要想体育教学有良好的效果，必须加大体育经费的投入。随着山东省高校的发展与壮大，投入到体育中的经费必须不断增加，并要实现科学化的规划与管理。受经济来源的影响，高校体育经费投入较少的问题难以在短时间内解决，可能会存在很长一段时间。但是国家对学校的体育器材和体育场馆等设施的建设是有明确规定的，要求建设与学校规模相适应的体育场馆，配备足够数量的体育器材和设备。这样高校可以在每年收入中拿出固定的费用成立体育基金，作为体育器材和场馆建设的资金。招生形势好收入多时，可以拿出多一点的资金，招生不好，收入较少时，可以少存放一点。在学校政策有力实施的基础上，建议上级主管部门应该把体育教学物质资源分配作为山东省高校体育教学工作评估的一个重要指标，通过学校对体育经费投入的有力监控，达到督促学校加大对体育经费投入的实施力度。

第二节　陕西高校公共体育教育教学发展对策

一、陕西高校的高质量发展

西部高等教育在我国具有重要的战略地位和独特的区位特色。近年来，随着国家"中西部高等教育振兴计划"的实施，西部高等教育取得了长足发展，已然呈现出"提振"和"新兴"的良好发展态势，形成了以"西安—成都—重庆"中心城市为核心的西三角良好发展格局。但就总体发展水平而言，西部高等教育与东部、中部仍存在较大差距，在总体布局上始终存

在不平衡、不充分的矛盾冲突，高校办学特色不鲜明，高校服务区域发展的能力和水平不足，高等教育高质量发展和全面振兴仍然在路上，一度处于"发而不展""振而不兴"的瓶颈状态。

陕西作为西部高等教育大省，汇聚了众多"双一流"高校和高水平行业高校，高校数量和规模在西部地区一直处于前列，在西部高等教育全面振兴和高质量发展进程中扮演着重要角色。但是陕西高校数量、层次和规模优势却未充分转化为服务区域发展的助推力量，一直被视为理论研究和实践探索中的双难题。因此，需要进一步优化陕西高等教育发展战略，实现陕西高校特色办学和高质量发展，进而引领西部高等教育全面振兴。

（一）陕西高校高质量发展的要求

1. 高校应用转型的方向

高校向应用型转型大致可以分为三个方向，即科学应用转型、工程应用转型和技术应用转型。不同办学层次、不同行业背景、不同服务面向的高校，应用转型的方向选择大不相同。

（1）科学应用是以基础科学研究成果作为理论基础，应用转化为服务于生产和其他社会实践的方法或工具。科学应用主要服务于高精尖领域，对于办学层次最高的综合型大学，需要特别强调科学应用转型。例如，陕西的"双一流"高校，应注重将自然科学、社会科学里面的科技前沿成果，服务于国家国防建设、社会治理、民政工程等领域。

（2）工程应用是将科学理论知识、科学研究成果、科学实践成果、技术发明创造等通过工业化手段在具体的生产、制造过程中应用。工程应用转型主要服务于行业需求和区域发展，对于办学层次较高的行业背景高校和省属重点高校，需要特别注重工程应用，应注重将行业特色转化为行业领域先进的生产力，从而服务于行业和区域发展。

（3）技术应用是将科学技术、工程技术、新兴技术等应用于社会各行各业。技术应用主要服务于区域需求和当地产业发展，对于远离省会城市的地方高校，应侧重将自身办学特色和区域特色产业对接融合，以技术应用型人才服务区域经济社会发展。

2. 高校应用转型中院校研究的作用

院校研究的发展程度和功能效用是以高校办学自主权的大小作为实施前提的。随着我国高校办学自主权的逐步扩大，高校在办学中遇到的重大问题往往需要自主决策，高校在办学定位、办学目标、学科结构、教师结构、文化传统、行业背景等方面存在诸多差异，高校转型发展不可能完全照搬别的高校的经验，每一次前进或变革都是内化改造、自我创新的过程。与此同时，我国高等教育大众化的发展态势和普及化的发展趋势，有效激发了高等教育多元化的需求，形成了高等教育买方市场，高校之间的竞争愈演愈烈，高校应用转型的方向和策略也各不相同，这就需要有专门的研究为高校发展提供决策、管理、咨询及服务。院校研究作为高等教育的重要研究领域，其核心职能是为高校决策提供咨询与支持，它通过对本校管理问题开展科学和系统的研究从而提高决策水平，对高校而言是一种从内而外的变革能力贡献，对高校适应社会发展起到了关键性的掌舵和加速作用。

3. 西部高等教育振兴对院校研究的要求

陕西是西部高等教育大省，"十四五"时期，我国高等教育高质量发展的目标就是要实现高校发展模式与区域经济社会发展模式相匹配，发展水平要能满足区域创新驱动发展的需要。在西部高等教育全面振兴和高质量发展的背景下，基于陕西高校的现有存量，深入研究不同类别和层次高校的背景渊源，紧密对接区域发展需求，挖掘和培育优势学科，突破发展瓶颈，使其办学定位与区域发展、行业发展相契合，这是陕西高等教育院校研究的重点领域。

陕西高校要实现特色办学和高质量发展，就必须借助院校研究，立足高校自身和所处环境的实际，从以下几个方面展开深入研究：

（1）在办学定位上，突出高校培养应用型、技能型人才的办学特色。

（2）在发展导向上，要把院校研究从学术取向积极向实践取向转变，致力于满足和服务区域经济社会发展需要，加强产学研合作，推进产教深度融合，形成高等教育与区域发展的良性互动。

（3）在学科专业建设中，高校的院校研究要根据所处的地域环境、社会需要和自身积累，构建优势突出的学科专业群，增强自身与地方需求的匹配度。

（4）在外部环境上，高校的院校研究要转换姿态，改变依赖、等候、安排的被动心理，强化院校研究成果对高校决策的咨询作用，实现从政府推动到政府支持的转变。

（5）在内部环境上，高校的院校研究要注重完善内部管理体制机制创新研究，以研究成果有效激发教职工的改革积极性，从约束性管理向激励型管理转变。

（二）陕西高校高质量发展的实施路径

对照国家对西部高等教育高质量发展的任务和要求，陕西高校要实现特色办学和高质量发展，就必须走内部"自立自强"和外部"输血助力"的合力道路，尤其是"自立自强"意义更显重大。因此，强化院校研究，解除"西部身份"标签锁定，摆脱"输血扶持"技术依附，探索"本土自强"发展路径，才是陕西高校当下需要做出的理性审思。基于此，陕西高校要走"特"和"独"的发展理念，立足宏观环境和自身实际强化院校研究，切实转变办学理念，实现由模仿到内化再到创新的转变。

1. 融入区域办学，培养应用型人才

从办学和人才培养的实践来看，高校要着眼于区域经济社会发展的实际需求，对自身的办学经验和实践等进行系统化的总结和分析，通过组织、探讨、反思等多种形式，形成清晰的发展规划。紧紧围绕人才培养这一中心和根本，以师资队伍建设为核心，发展优势学科，凸显自身特色，在教学改革、办学条件等方面都要有所行动，与时俱进，实现跨越式发展。

目前，陕西众多地方高校发展陷入困境，集中体现在以学科体系为基础而建立的专业结构与应用型高校和岗位需求设置专业之间的突出矛盾，这个矛盾的存在辐射影响到了地方高校的师资队伍建设、教学运行管理、科技成果管理等各个方面。这就要求高校加快转型发展，在人才培养目标、学科专业建设、教学模式创新等方面做出与时俱进的变革，找准定位，做好顶层设计，提升服务区域发展的意识，实现应用转型。

2. 提升科技创新能力，推进产业发展

陕西高校要提升科技创新能力，就一定要做到"顶天立地"，以高水平高质量的科技成果服务地方政府和区域企业，打造区域核心竞争力。在科研团队建设上，要突出重点。从地方社会发展中产业化特点入手，形成问题与技术为导向的科研项目，在国家级、地方科研任务上更好地发挥其作用，同时还应突破高校传统办学中的二级学科下的科研组织管理模式，更好地向更高层次的学科建设科研创新发展。在科研平台搭建上，要完善科研基础设施。应积极推进学科交叉融合，建立协同创新平台，在服务区域经济建设的机制方面不断实现创新。在当前社会中，市场需求是多样化、复杂化的，只有将多个学科交叉融合，将不同学科的优秀创新人才聚集在

一起，进行科研创新平台的开放化，才能实现不同学科之间科研成果的共享，从而提升高校科研创新服务区域发展的能力。

3. 加强产学研合作，加快科技成果转化

中西部高校应建设一批现代产业学院、未来技术学院、智慧农业学院、高水平公共卫生学院。同时，以西安、兰州为战略支点，引领西北地区高等教育的整体发展。从当前陕西高校与区域经济发展情况来看，高校与当地企业之间建立合作关系并不断深化推进，合作机会不断增多，在服务区域经济的创新能力上也得到相应的提升。基于此，陕西也做出了大量的探索和尝试，以秦创原创新驱动平台为代表的科技成果孵化区成为陕西创新驱动发展的总源头，打破了科技优势与经济发展转化"堵点"的关键，秦创原平台在陕西各地市也建立了分支机构或创新促进中心，呈现出大好的发展局面。

4. 根植服务地方，助力区域经济发展

在高等教育日益多样化、竞争日趋激烈的形势下，高校只有立足地方才能生存，只有服务地方才能发展，只有摆脱传统办学模式的束缚，走特色发展之路，才能在高等教育领域中扩展生存和发展空间。特别是远离省会中心城市的地方应用型高校，在国家将高等教育重心下移的背景下，地方高校必须走立足地方、服务基层的办学之路。地方高校只有依托所处地域进行学科建设，不断提高教学质量和人才培养质量，围绕地方经济建设开展研究，在工程应用和技术应用领域下大功夫，以优质高效的服务效果赢得地方政府的支持，才能在高等教育的激烈竞争中占据优势，走上特色发展之路。

5. 建立战略联盟，发挥集群与协同效应

战略联盟是高校之间或校地（企业）之间围绕共同的战略目标和利益，通过建立联盟规制约束而实现资源共享、优势互补的发展共同体，是高校积累和扩展社会资本的一种关键的制度化形式，成为高等教育领域一种集聚现象。政府、社会和高校越来越重视区域内高校联盟的发展，支持建立区域化与国际化、优势互补、资源共享、风险共担、多向流动的高校战略联盟，以此激发高校的集群与协同效应，在提升区域高等教育整体实力的同时，更好地服务区域经济社会发展。因此，陕西高校在转型发展中，应积极致力推进高校联盟、区域联盟、行业联盟、校企联盟、

校地联盟的建设与发展，在联合培养、课程开发、合作研究、资源共享、产学研一体化等方面广泛开展合作，以共同愿景、信任机制、关系资本等服务区域发展需要，共同为区域经济社会发展和西部大开发战略实施做出更大贡献。

二、陕西高校公共体育课程发展对策

（一）加强体育师资队伍建设，为体育教学奠定基础

近些年，由于各高校办学规模不断扩大，学生人数急剧增加，体育课程内容也不断得到拓展，而体育教师的数量却并没有相应增加。学校应当在上级行政部门核定的教师总编制内，按照体育课程教学计划授课，完成培养优秀体育人才的任务，配备相应数量合格的体育教师。

尤其是陕西省的一些地方院校，体育教师数量少，很多体育教师年工作量较大，特别是随着学生人数不断地增加，教师的工作量越来越大。这就需要各级主管部门和领导高度重视，在多方面进行投入，有计划地培养和引进体育人才，根据本校体育教学的需要，遵循教育规律，合理配置师生比例，以减轻体育教师的工作压力。同时，在引进新教师时，不能只青睐男性教师，应结合该校的实际情况，全面考虑教师的性别、年龄、知识、专业和职称结构，引进需要的人才，从而形成梯队建设。

另外，陕西省普通高校体育教师专项结构分布相对均衡，但是游泳、健美操、体育舞蹈、武术等项目的体育教师相对较少，对体育课的开设有一定的影响。因此，为适应现代大学体育课程的要求，以学生的需求为导向，通过引进和培养相结合的方法，建立一支多专业、高学历的体育师资队伍是当前陕西省体育人才实施的战略目标。陕西省应及时调整体育教师的专业结构，尽可能多地增设学生喜欢的项目，以拓宽学生的学习领域，提高学生的学习兴趣。

（二）注重教材创新，重视自编教材的科学开发

高校要高度重视体育教材的使用，合理应用体育教材，做到教材与教学内容相辅相成。由于各自的实际情况不同，学校地区文化的差异及地区经济发展的状况不同，因此高校所开设的体育课程也不同，学生的体育能力和水平也有明显的差异，用于体育实践课的教材也应该与实际相符。高校要实现教材体系多元化，应结合当地的乡土特色，多开展一些乡土化的

项目，来扩大学生选择体育内容的自主权。

陕西省部分高校自行编写教材，用于本校使用，但是如果对教材的质量把握不好，则会影响体育教学的质量。所以高校应该加强本校的教材建设，编写系统的实践课教材。

（三）增加体育课程学时数，重视终身体育意识的形成

首先，各个高校要设置 4 个学期的体育必修课，争取保证每学期上够学时；其次，保证必修课的同时还要增加体育选修课，面向全校学生开设体育选修课，以满足大学生的体育需求，尊重学生个体差异，在促进学生个性发展的同时，促进其终身体育思想和习惯的形成；最后，体育理论教学是提高大学生体育文化素质的最主要方式，保证增加理论课程的学时到总学时的四分之一，即每学期至少要开设 4 学时的体育理论课，以满足学生们对体育知识的渴求，进而提高大学生的体育文化素养。

（四）增设体育课程类型，贯彻体育课程新理念

体育教学内容的优化直接关系到体育教学质量的好坏，关系到健康教育是否能够顺利进行。高校体育的教学内容不仅要立足于大学生身心发展的现实需求，也要立足于满足大学生终身体育的长远需要和社会需要。因此，在选择体育教学内容时，应该以学生的素质教育、健康教育、终身教育为原则，避免体育知识片面化、单一化，应更多地考虑技能、保健、养生、娱乐、休闲等功能的体育教学内容，积极开设大学生比较喜爱的，以及能够体现时代气息的运动项目，如游泳、网球、攀岩、野外运动等。要以大学生在大学期间能掌握两项以上锻炼身体的运动项目为目标，计划教学内容及上课形式。学生一旦掌握了某种运动项目技能和有关知识，就会不断地进行实践和提高，这样既促进了学生的身心健康，又不断地泛化到他们对其他体育项目的热爱，从而提高其对体育的兴趣。

另外，选修课的教学内容的选择和确定不应局限于内容本身的性质、特点、应用范围等，更应符合学生身心发展需求，不应强调单一的价值功能，而应从不同内容所形成的结构出发，研究其多功能性，从而发挥体育教学的整体功能。

第三节　内蒙古高校公共体育教育教学发展对策

一、内蒙古高校创新创业的高质量发展

区域社会中的科研院所和企业等社会组织都是高校创新创业教育共同体的构成主体，是区域创新驱动发展的重要支撑，而科技创新力则是区域创新驱动发展的核心竞争力之一。科技创新力持续提升的根本依靠是创新型高素质劳动者和技术技能人才。高校作为推动高等教育高质量发展的重要力量，与科研院所、企业等社会组织共同肩负着为区域经济社会发展培育创新型高素质劳动者和技术技能人才的重大使命。

（一）高校创新创业教育的基本情况

近年来，内蒙古不断加强高校创新创业教育，对提高区域高等教育质量、推动创业就业、服务区域创新驱动发展、促进学生全面发展发挥了重要作用。同时，将创新创业教育改革作为一个系统工程，逐步落实到培养方案、教学体系、制度保障、创新创业实践等中微观层面。

内蒙古高校在创新创业教育生态培育、政、行、企、校各方协同发展等方面取得了一定成效，积累了可借鉴可推广的有益经验。在创新创业教育实践中构建了培养方案、课程体系、教学方法、制度创新、实践环节"五位一体"的系统化创新创业教育体系；内蒙古财经大学、内蒙古工业大学等高校，借助学科特色优势，将创新创业教育与学科教育、专业教育相融合，积累了有益经验。比如，内蒙古财经大学侧重企业管理和财税分析等市场风险控制方向的创业教育；包头职业技术学院等高职院校借助区域产业资源、文化资源，形成了特色鲜明的以企业创新工作室、高技能人才工作室、非遗传承人工坊等为实践载体的"校企＋校际＋校社"合作模式；内蒙古建筑职业技术学院等高职院校初步形成了五育并举的"四维一体"式创新创业教育体系，即侧重面向全体学生的创新创业通识教育，贯通"课程、科研、实践、文化"育人全过程。

（二）高校创新创业教育共同体高质量发展路径

1. 培育创新创业教育深度协同生态

（1）培育区域创新创业文化

内蒙古草原文化与中华悠久的灿烂文化水乳交融，历经千年绵延至今，这是创新文化滋生的沃土。内蒙古创新文化根源在于溯源、传承和创新，挖掘民族文化精神的本源，培育地方性文化的主体性，明确地方性文化的比较优势，确立创新发展的地方特色，将蒙古马精神内涵中的奋斗不止、自强不息的精神与创新创业文化内涵有机融合。同时，给予创新创业实践者足够的人文关怀，注重培育大学生敢想、敢干、敢闯的创新精神。

政府应注重区域人才结构的开放性和异质性，据此制定人才储备战略。依据人才特点及其创新成果类型，实施确保创新成果的价值产生、转移、转化等环节的精准管理和激励。

完善创新成果奖励和转化的系列配套法律法规，将创新成果转化体系中的各类机构纳入法治程序，厘清各类机构与政府间的职责关系，严惩社会创新领域中的违法行为，降低社会创新成本，营造多元化主体深度参与创新创业实践的良好社会氛围。

技术器物层面：①借助互联网等媒体技术，加大创新创业思想、理论、制度、实践、成果五个维度的宣传，同时，创新宣传形式，优化宣传载体，注重宣传实效；②政府、高校、科研机构、企业协同共建开放、流动的创新成果信息发布和交易平台，打造创新成果生产、转移、转化的基础设施，也避免虚假不实的创新主体寻租行为。

（2）完善系统化的产教融合实施保障

完善产教融合机制，充分发挥区域内高校在基础研究、重要战略领域的科技创新和产业创新，促进科技与教育结合过程中的基础性地位和核心引领作用，充分释放高等教育创新资源聚合效应，提升服务区域社会产业发展的能力。

建立政府、高校两级组织保障。政府层面产教融合管理组织，负责行业企业参与创新创业教育的落实，以及地方高校创新创业教育的多样化发展；高校层面产教融合管理组织，则是执行创新创业教育的具体机构。整合产业系统和教育系统资源，加强与创新创业教育资源供给者、参加者以及其他相关要素之间的联系。建立客观公正、交流互动的创新成果转化服务体系，其服务内容包括创新需求、供需对接、成果推广、成果交易、融资担保、人才交流、管理咨询、信息传递等方面提供多功能服务。其核心关键是坚持市场主导、政府服务，通过机制创新重点解决成果转化中的技术供给、渠道培育、企业承接、资金融通等关键问题，形成符合创新规律和经济规律的创新成果转化格局。引导企业强化创新意识，加强制度创新，激发企业内部组织创新和岗位创新，形成崇尚创新的企业文化。运用现代管理技术、方法和手段，构建与现代社会发展要求相适应的组织架构，为企业创新能力建设和深度校企共创提供有力保障。

（3）完善高校创新创业教育协同推进机制

除积极培育夯实区域创新创业文化基础之外，还要改进政府政策、高等教育的现有评价体系、社会就业压力等外部约束性条件，及时配套社会创新相关激励制度，完善各级政府出台的创新创业教育政策，提升政策的可行性和发展性，切实服务并推动高校创新创业教育高质量发展，进而改善高校创新创业教育生态，提升高校创新创业教育对区域社会创新驱动发展的贡献度。

在高校创新创业教育过程中，要避免政府和高校的行政人员唱"独角戏"，消除各方主体参与创新创业教育的制度性壁垒，提升教师、学生、企业等主体参与度。①深入研究学生发展需求、区域发展需求、产业发展需求，进而明确创新创业教育学科定位、学科建设目标、课程组群逻辑；②明确创新创业校内教师地位，高校加强整体性、系统性的从事创新创业教育的教师发展规划，完善相应的教师评价制度，充分体现教师评价的过程性、发展性，消除队伍总体功利化倾向、队伍规模不稳定、队伍结构不科学、队伍创新实践能力不足的现象；③加强高校创新创业教育资源（教师资源、课程资源、文献资源、实验实训资源等）开放度、流动性，提升企业和其他社会组织或人员参与高校创新创业教育的积极性。

2. 推动高校创新创业教育融合升级发展

（1）推动高校创新创业教育与三全育人的融合发展。开展创新创业教育是为了确保高素质人才供给，促进高等教育助力区域创新发展。高校创新创业教育需融入育人全过程，要提升教育工作者的创新意识和创新能力，面向全体学生开展以培养创新思维、创新人格、创新创业能力等为目标的创新创业教育。同时，注重分流不同发展特质的学生，如对具有创新创业意愿和能力的学生进行"专项课程＋专业化社团＋项目"的培养，以提升创新创业教育教学效能。

此外，还要加强专业教育与创新创业教育的有机融合。让学生在创新创业学习和实践中巩固专业知识，在专业学习和实践中提高创新创业能力。高校要适时调整人才培养目标，将创新创业素质作为专业人才培养评价的核心标准之一；升级改造专业课程体系，融入创新创业理论、技术、实践等内容；要从制度层面切实保障学生以科技创新成果、创业项目等形式申请学分。

（2）推动高校内部治理体系升级发展。在创新驱动发展战略背景下，高校应优化内部治理生态，以创新创业教育为契机转变发展理念。从制度规范、文化塑造、平台建设和评价机制四方面升级内部治理体系：

一是完善具有可行性和强制力的制度体系，保障创新创业教育系统稳定、持续、科学运行。明确完善制度不是为限制和惩罚，而是为了自由和激励，是为更有效地开展创新创业教育。

二是塑造具有高校自身特色的创新创业校园文化，摆脱"千校一面"的跟风化局面。

三是建立集知识传承、生产、应用于一体的产学研平台，形成相互之间互动交融、相辅相成的生态化载体。

四是建立创新人才培养评价机制，发挥科研教学在创新创业人才培养中的积极作用。给予基于产教融合研究项目资源倾斜，扶持有利于创新创业人才培养的科研活动，科研成果评价向创新创业人才培养绩效倾斜，并鼓励相关人才高效率地开展新型理论知识与专业技术的迁移。建立有利于创新创业人才培养的教师评价制度，鼓励教师在人才培养中有效地实现课堂与社会对接、知识传授和技能培养贯通。

二、内蒙古高校公共体育课程发展对策

高校公共体育课是向大学生传授体育知识、介绍体育健身方法、培养终身体育意识、提高学生身体素质的重要课程，对大多数学生而言是一生中接受体育教育的最后阶段，其教学效果对学生的体育认识将产生深远的影响。要想推进"健康促进工程"，高校公共体育课教学必须率先进行改革。

高校要深刻领会"健康促进工程"的具体内涵，准确把握其精神实质，积极行动起来，认真谋划、周密部署，全面做好学校体育卫生工作。同时，要充分利用公共体育课的评价杠杆，带动学校体育活动的蓬勃发展，努力实现"健康促进工程"的各项目标。

（一）转变教学指导思想

目前，内蒙古自治区高校公共体育课大都由必修课和选修课组成，学制为 2 年。一般第一学期为必修课，统一开设太极拳、球类等教学内容；其他三个学期为选修课，开设健美操、篮球等教学内容。学生可依据个人爱好，在提供的课程内自由选择。现在的体育教学指导思想仍然以传授运动技能为主，即教师通过传授某运动项目的基本知识、基本技术和基本技能，让学生对该项运动有一个大致了解，初步掌握项目运动技能。

"健康促进工程"视野下的教学指导思想应由传授运动技能向促进学生体质健康转变，即通过各种手段，让学生逐步提高对健康的重视程度，牢固树立"健康第一"的理念，逐步养成良好的卫生习惯，掌握科学健身知识，形成独立参加体育活动的能力，把参加体育活动作为日常生活中必不可少的一个重要组成部分。同时，让"每天锻炼一小时，健康工作五十年，幸福生活一辈子"的思想观念深入人心，最大程度调动学生参加体育活动的主动性和积极性，逐步形成自觉锻炼与有组织锻炼相结合，丰富多彩的体育趣味比赛、单项竞赛与综合性比赛交相呼应的浓郁的校园体育活动氛围。

（二）转变教学内容

目前内蒙古自治区高校公共体育课教学内容主要以竞技体育项目为主，包括篮球、足球、排球、健美操、羽毛球、乒乓球、滑冰等。开展这些竞技体育项目的便利性体现在：①授课教师大都具有一定的专项背景，能够较好地完成示范、讲解等教学工作；②有比较成熟的教科书，教师在备课时比较轻松；③有规范的国际竞赛规则，每年都有各种级别的比赛，便于欣赏高水平竞技。因此，教师可以较轻松地完成备课、授课过程。

"健康促进工程"背景下的教学内容应由以竞技体育项目为主向以大众健身项目为主转变，应增加理论课比重，向学生传授"终身体育"的思想，讲解体育健康知识，介绍科学健身的基本常识以及必要的运动医学知识。在选择运动项目时，要多传授学生喜闻乐见、易于操作、对场地器材要求不高的健身项目，如传统的跳绳、踢毽子和现代的轮滑、定向越野等内容，使传统体育项目与现代体育项目交相呼应。传授学生各种锻炼身体的方法，让学生真正喜欢上一两项能够终身进行的体育活动，体会到参加体育锻炼的乐趣。此外，还要使学生能较熟练地掌握锻炼身体的方法，能够根据自身的实际情况，独立设计运动方案并自觉贯彻执行，能够对运动过程中出现的较轻微的伤病进行自我诊断和处置。

（三）转变教学模式

传统的体育课程以实践课为主，实践课约占总学时的 90% 以上，理论课所占比重不足 10%。在实践课上，教师通常运用示范、讲解等手段，言传身教，让学生建立动作概念，初步学习动作要领，掌握主要的技术环节，并在实践中不断提高动作的准确性和熟练程度，从而达到基本掌握技术动作的目的。在这一教学模式下，现代化的教学手段、方法利用率非常低，课后基本没有作业。

教学指导思想、教学内容的转变，要求教学模式进行相应的改革，以适应新形势、新要求，即教学模式必须由传统的言传身教向充分利用现代教学技术转变。

一方面，理论课学时的增加，要求全体教师紧密结合项目特点，认真钻研教材，深入挖掘项目的健身方法和手段，制作多媒体课件，运用现代化教学技术，充分展示项目自身的魅力，调动学生学习的热情和激情。

另一方面，要彻底打破学生每周只有 90 分钟体育学习的时间限制，让学生在需要的时候随时都能学到知识。为此，高校应建立科学健身资料库，把学生喜闻乐见、易于操作、安全系数高、对场地器材要求不高的健身教材放在网上，通过网络为全体学生服务，以满足学生随时可能出现的健身需求。

（四）转变教学评价模式

传统公共体育课教学评价模式主要由学生身体素质测试（40%）、专项技能测试（50%）和课堂表现（10%）三部分组成。其优点是突出专项能力，重视学生身体素质的提高。缺点是过分注重课内学习，忽视课外锻炼；过分注重技能学习，忽视能力培养。

教学评价模式是决定"健康促进工程"成败的关键环节，是实现以课内评价杠杆撬动课外体育活动的决定性因素，因此新评价模式必须由课内单一评价向综合评价转变。一方面，评价时间应由 2 年延长至在校学习的所有年限，不仅包括上体育课的年份，而且包括不上体育课的年份，实现全覆盖、无缝隙对接；另一方面，评价指标应包括学生心理、生理机能测试，身体素质测试，参加课外体育锻炼的次数和时间，参加校内外体育竞赛的项次和名次，参加课外体育俱乐部的情况等。只有这样，才能真正调动学生从事体育活动的积极性，才能真正把"健康促进工程"落到实处，才能真正达到提高学生体质、增进健康水平的目的。

参考文献

[1] 曹小芬，曹庆荣.普通高校公共体育课程教学评价的影响因素分析 [J].赤峰学院学报（自然科学版），2016，32（22）：102.

[2] 曾猛.探析高校篮球技术教学与训练中存在的问题及其对策 [J].山东农业工程学院学报，2019，36（02）：183-184.

[3] 陈新华，陶涛.高校公共体育教学改革探析 [J].江苏高教，2010（5）：85-86.

[4] 陈轩昂.新时期高校体育教学的改革与发展 [M].北京：航空工业出版社，2019.

[5] 顾瑾璟.我国高校公共体育发展问题与对策研究 [J].江苏高教，2020(12)：82-86.

[6] 顾丽娟，王强.大学体育与健康素质训练 [M].北京：化学工业出版社，2013.

[7] 郭晓东.论高校体育教学环境的设计与优化 [J].吉林省教育学院学报（上旬），2012，28（08）：91.

[8] 胡安义.篮球运动理论与实践研究 [M].天津：天津科学技术出版社，2018.

[9] 贾振勇.体育教学改革与实践应用探究 [M].北京：新华出版社，2018.

[10] 姜文晋，唐晶，李秀奇.创新教育背景下高校公共体育创新路径和科学管理研究 [M].徐州：中国矿业大学出版社，2018.

[11] 姜晓琳，王鹏.新时代高校德育教育的创新与实践 [J].食品研究与开发，2020，41（19）：247.

[12] 冷晓春，马文慧，宋懿花.现代篮球理论教学与训练 [M].石家庄：河北科学技术出版社，2014.

[13] 李承维.篮球运动教学与训练 [M].武汉：华中科技大学出版社，2012.

184

[14] 李桂英.普通高校公共体育教学环境的构成及影响 [J].湖北体育科技，2008（03）：339.

[15] 李丽.我国普通高校体育教学环境研究 [J].当代体育科技，2021,11（28）：90.

[16] 李凌.试论高校体育教学与心理健康教育 [J].西安体育学院学报，2000（02）：82-84.

[17] 李淑芳.高校公共体育课创新教学模式研究 [J].河南大学学报（社会科学版），2004，44（6）：151-153.

[18] 练文.高校体育校本课程开发探析 [J].中国成人教育，2010（14）：144.

[19] 梁慧.大学体育混合学习的教学设计 [J].运动，2018（09）：81-82.

[20] 廖建媚.高校公共体育教学环境研究 [M].厦门：厦门大学出版社，2019.

[21] 刘海军.高校体育教学"翻转课堂"模式构建研究 [J].吉林体育学院学报，2015，31（03）：72.

[22] 刘嘉新，华立君.篮球运动对青少年体质健康的影响研究 [J].当代体育科技，2021，11（28）：185-187，204.

[23] 钱峰.高校德育教育现状及路径探析 [J].教育教学论坛，2020（40）：63-64.

[24] 强磊，王轶，郑继超.新时代大学公共体育教学改革创新探索 [J].教育现代化，2019，6（61）：62.

[25] 首洁.以学生参与为中心的体育课程教学设计 [J].运动精品，2019，38（10）：40.

[26] 王新华，赵继伟.篮球教学过程的理论及结构优化 [J].体育学刊，2002，9（4）：97-99.

[27] 王寅昊.慕课在高校体育教学中的应用研究 [J].教育教学论坛，2020（06）：265-266.

[28] 伍天慧，谭兆风.体育教学设计与实践的系统观 [J].体育与科学，2005(02)：78.

[29] 谢燕歌，洪浩.普通高校公共体育课程教学指导思想探索与思考 [J].北京体育大学学报，2014，37（01）：98.

[30] 庄志勇.我国学校篮球教学发展进程与未来展望 [J].首都体育学院学报，2006，18（5）：41-42.

[31] 谢正阳, 徐建华. 篮球运动对大学生的教育价值及实现途径 [J]. 南京体育学院学报 (自然科学版), 2017, 16 (06): 72-75.

[32] 许丽娜. 辽宁省普通高校体育教学环境评价指标体系构建 [D]. 大连: 辽宁师范大学, 2018: 9-10.

[33] 许庆兵. 高校篮球攻防技术教学与训练研究 [J]. 当代体育科技, 2021, 11 (18): 139-141.

[34] 薛飞娟. 浅析微课在高校体育教学中的应用和意义 [J]. 当代体育科技, 2014, 4 (35): 59-60.

[35] 余丁友. 现代篮球运动教学与训练研究 [M]. 北京: 冶金工业出版社, 2019.

[36] 张才超. 篮球教学中运用合作学习的反思与前瞻 [J]. 广州体育学院学报, 2013, 33 (4): 103-107, 118.

[37] 郑志彬, 袁雷, 俞大伟. 高校公共体育教师的 "导学" 理念 [J]. 体育学刊, 2017, 24 (5): 102.